LOS LIBROS PROFÉTICOS DEL ANTIGUO TESTAMENTO

Interpretación eficaz hoy

LOS LIBROS PROFÉTICOS DEL ANTIGUO TESTAMENTO

Interpretación eficaz hoy

Samuel Pagán

Editorial CLIE
www.clie.es

EDITORIAL CLIE
C/ Ferrocarril, 8
08232 VILADECAVALLS
(Barcelona) ESPAÑA
E-mail: clie@clie.es
http://www.clie.es

LOS LIBROS PROFÉTICOS DEL A.T.
ISBN: 978-84-944626-4-1
Depósito legal: B. 17257-2016
Comentarios bíblicos
Antiguo Testamento
Referencia: 224975

Nota biográfica del autor

SAMUEL PAGÁN es un académico puertorriqueño que se ha distinguido en el complicado y desafiante mundo de las traducciones de la Biblia. Y es uno de los eruditos latinoamericanos de más aprecio y reconocimiento internacional en las postrimerías del siglo XX y comienzos del XXI. Sus contribuciones al mundo del saber no han sido pocas: ha escrito y publicado más de cuarenta libros y cientos de artículos sobre asuntos bíblicos, teológicos y literarios; además, ha organizado, trabajado o editado varias Biblias de estudio en castellano, que han superado las líneas denominacionales y nacionales. En la actualidad sirve como profesor de Sagradas Escrituras y decano del Centro de Estudios Bíblicos en Jerusalén. Posee varios grados doctorales de universidades y seminarios de gran prestigio y reconocimiento académico.

Pagán ha sido reconocido en diversas partes del mundo, tanto en foros académicos y eclesiásticos, como en contextos interreligiosos y gubernamentales por sus buenas aportaciones al conocimiento y por sus investigaciones y libros, que han ayudado de forma destacada a las traducciones, el estudio y la comprensión de la Biblia. Su labor literaria, investigativa y docente ha contribuido a la salud integral y al mejoramiento de la calidad de vida de millones de hombres y mujeres en el mundo de habla castellana. Junto a su esposa, la doctora Nohemí Pagán, viven en Kissimmee (Florida) y Jerusalén.

Dedicatoria

Dedico este libro en torno a la literatura profética en la Biblia a los hermanos y las hermanas de las Iglesias Cristianas (Discípulos de Cristo) en Hato Nuevo, Brooklyn (Nueva York), Santa Juanita, Miami (Florida) y Bella Vista-Caná. Esas congregaciones contribuyeron de forma destacada en mi formación espiritual y profesional...

Gracias, muchas gracias, muchas veces...

Contenido

❀ Prefacio

Escuchen esto ustedes, los de la familia de Jacob,
descendientes de Judá,
que llevan el nombre de Israel;
que juran en el nombre del Señor,
e invocan al Dios de Israel,
pero no con sinceridad ni justicia.
Ustedes que se llaman ciudadanos de la ciudad santa
y confían en el Dios de Israel,
cuyo nombre es el Señor Todopoderoso:
Desde hace mucho tiempo
anuncié las cosas pasadas.
Yo las profeticé;
yo mismo las di a conocer.
Actué de repente,
y se hicieron realidad.
Porque yo sabía que eres muy obstinado;
que tu cuello es un tendón de hierro,
y que tu frente es de bronce.
Por eso te declaré esas cosas desde hace tiempo;
te las di a conocer antes que sucedieran,
para que no dijeras:
"¡Fue mi ídolo quien las hizo!
¡Mi imagen tallada o fundida las dispuso!"

ISAÍAS 48.1-5 (NVI)

Los profetas

Una vez más me propongo estudiar, analizar, exponer y explicar la literatura profética en la Biblia hebrea, o en nuestro Antiguo Testamento. Ya lo he hecho en otras ocasiones, y siempre es un gusto ponderar esta extraordinaria obra, que tiene valores teológicos y religiosos, virtudes espirituales y éticas, enseñanzas prácticas y relevantes, y que contribuye positiva y significativamente a las vivencias políticas y sociales, tanto en las iglesias y las sinagogas como en la sociedad contemporánea en general.

Nuestro acercamiento en este libro, a esa singular y extraordinaria literatura profética, se fundamentará principalmente en el canon hebreo, que une en la gran sección de los *nebi'im* o los profetas a los llamados «profetas anteriores» y «los profetas posteriores». Los primeros, tradicionalmente identificados como «libros históricos», incluyen Josué, Jueces, Samuel y Reyes; y los segundos Isaías, Jeremías, Ezequiel, Daniel y los doce, que en la tradición cristiana se conocen mejor y generalmente como profetas menores.

Llegaremos a esta literatura desde varias perspectivas. En primer lugar vamos a presentar las peculiaridades temáticas, literarias y teológicas de los libros, al mismo tiempo que identificamos sus antecedentes y los diversos contextos históricos, sociológicos, políticos y religiosos, que enmarcaron esta obra tan importante. Además, nos interesa explorar algunos temas que pueden servir de puente para traducir, actualizar y transformar esos desafiantes y antiguos mensajes proféticos, en medio de las vivencias contemporáneas, tanto para los creyentes individuales como para las comunidades de fe y la sociedad en general.

El profetismo en Israel es una fuerza determinante y extraordinaria que contribuyó sustancialmente al desarrollo del judaísmo y, posteriormente, al nacimiento, crecimiento y ministerio de las iglesias. El énfasis que los profetas les dieron, por ejemplo, a los valores de la paz, la justicia, la dignidad humana y la esperanza constituyen una contribución destacada al desarrollo de una experiencia religiosa saludable, grata, sana, transformadora y liberadora. Y fueron los profetas, además, los que le dieron fundamento teológico y temático a los mensajes desafiantes de Jesús de Nazaret, le brindaron al apóstol Pablo el andamiaje religioso, educativo y filosófico para llevar a efecto su gran tarea misionera, y le permitieron al famoso vidente y profeta del Apocalipsis articular, con sentido de dirección, esperanza y seguridad, su extraordinario mensaje de gracia, juicio, esperanza y futuro.

Nuestro estudio

Nuestro estudio analizará prioritariamente el mensaje y las enseñanzas de los profetas clásicos, que provienen de diversas épocas, tanto preexílicas como exílicas y postexílicas. Evaluaremos las muy serias contribuciones teológicas y éticas que se incluyen en los libros de los grandes profetas de Israel, como Isaías, Jeremías, Ezequiel y Daniel para descubrir la importancia de sus palabras, valores, enseñanzas y desafíos para historia y la sociedad contemporánea. Por ejemplo, veremos cómo el mensaje del libro del profeta Isaías influyó de manera destacada en el pensamiento teológico, el estilo de vida, prioridades y ministerio transformador de Jesús de Nazaret.

En nuestro análisis hemos tomado muy seriamente en consideración los estudios recientes en torno a la profecía bíblica.

Esos estudios, que no han sido pocos ni superficiales, guiarán nuestras reflexiones para presentar a los lectores y las lectoras de esta obra el estado actual de las investigaciones en torno al fenómeno profético, y también de la literatura que presenta ese singular movimiento religioso en la Biblia, que no solo es espiritual y religioso, sino social y político. Mi objetivo es poner en manos de la gente de fe, y de estudiantes de diversos niveles educativos en el mundo de habla castellana, el resultado de los estudios recientes en torno a la segunda parte de las Biblias hebreas, la sección de los profetas, específicamente la literatura conocida como «profetas posteriores».

Dos fuerzas mayores, entre otras, han guiado la investigación y las reflexiones en torno a la literatura profética durante las últimas décadas. Por un lado, los continuos descubrimientos arqueológicos nos han permitido estudiar y comprender mejor el contexto de la profecía bíblica y de sus representantes. Esos descubrimientos nos han ayudado a comprender mejor el contexto histórico general de Oriente Medio, del cual el pueblo de Israel era parte integral. Y ese análisis nos permite ubicar el fenómeno del profetismo bíblico y sus representantes en un contexto social, político y religioso más amplio y general.

Además, para nosotros ha sido muy importante evaluar los estudios recientes y los análisis críticos de la literatura de los pueblos vecinos del Israel antiguo. Esa literatura nos ha permitido descubrir detalles históricos, lingüísticos, sociológicos y religiosos que, en ocasiones, esclarecen el mensaje y las intenciones de los profetas bíblicos. Esos paladines de la justicia y la rectitud eran líderes religiosos con autoridad moral en medio de las comunidades hebreas preexílicas y el pueblo judío que tomó forma luego de las experiencias adversas y vivencias amargas del exilio, tanto en Babilonia como también en la Palestina antigua del período postexílico.

Nuestro acercamiento a los temas expuestos también ha tomado en consideración la importancia ética del mensaje de los profetas para la sociedad contemporánea. En efecto, profetas como Amós y Oseas contribuyeron positivamente, y de forma destacada, a la vida y salud del pueblo en momentos de adversidades políticas, económicas y sociales, y en medio de las crisis espirituales, éticas y religiosas. Esos profetas de antaño, como Miqueas, Joel y Nahúm, leyeron, analizaron y criticaron al liderato religioso y político de la época, e hicieron recomendaciones prácticas, sobrias y sabias al pueblo y sus líderes para que pudieran superar las adversidades y los problemas personales, familiares, nacionales e internacionales.

Deseamos en esta obra, como los profetas de antaño, desafiar también a las comunidades de fe contemporáneas a que contribuyan a la implantación de la justicia en el mundo actual, que es el fundamento más importante para el establecimiento y el disfrute de la paz. Este libro, a su vez, analiza a los profetas de antaño, e incentiva el desarrollo de estilos de vida y la afirmación de prioridades que propicien la convivencia pacífica, respetuosa, justa y grata en las sociedades hispanoamericanas.

Agradecimientos

Una palabra final de gratitud es necesaria para concluir este prefacio. Muchas personas han colaborado, de forma directa e indirecta, en el nacimiento, la redacción, el desarrollo y la edición de este nuevo libro en torno a los profetas bíblicos. En primer lugar, es pertinente agradecer a los hermanos y las hermanas de una serie de congregaciones locales que facilitaron y bendijeron nuestra formación espiritual y profesional. A las siguientes congregaciones de los Discípulos de Cristo va nuestro agradecimiento sincero y público: Hato Nuevo (Guaynabo), Brooklyn (Nueva York), Santa Juanita (Bayamón), Miami (Florida) y Bella Vista-Caná (Bayamón).

En medio de esas extraordinarias congregaciones estudié y analicé el mensaje de los profetas, y en esos contextos eclesiásticos íntimos y de fe aprendí la importancia del profetismo real, pertinente, contextual, inmediato, desafiante, visionario y concreto, que afirma con certeza y seguridad que la paz y la dignidad humana solo se hacen realidad cuando se fundamentan en la nobleza, la integridad y la justicia.

En medio de esos buenos hermanos y hermanas en la fe ensayé los primeros mensajes que cincelaron permanentemente mi teología. Y en esos contextos eclesiásticos recibí las respuestas iniciales a mis reflexiones teológicas, que ciertamente eran jóvenes e incipientes. Gracias... Muchas gracias... Muchas veces...

Además, le agradezco a Alfonso Triviño, de Editorial CLIE, la invitación a escribir este libro. Hemos comenzado una buena relación literaria y editorial, que esperamos supere los linderos del tiempo. CLIE ha entendido la importancia de publicar libros que desafíen la inteligencia y que también afirmen la fe. Gracias...

Y a Nohemí, que siempre escucha mis conferencias y mensajes, lee pacientemente mis escritos y libros y evalúa con criticidad y amor mis enseñanzas, reflexiones y teologías... A ella va mi más honda expresión de gratitud. Gracias...

Culmino este prefacio aludiendo a las magníficas palabras del poeta y profeta bíblico, que afirma con claridad y seguridad la capacidad divina de comunicación:

Lo que pasó, ya antes lo dije, y de mi boca salió; lo publiqué, lo hice pronto, y fue realidad.

Dr. Samuel Pagán
Orlando, Florida
Jerusalén, Tierra Santa

1

❋ Los profetas en la Biblia hebrea

La palabra del Señor vino a mí:
«Antes de formarte en el vientre,
ya te había elegido;
antes de que nacieras,
ya te había apartado;
te había nombrado profeta para las naciones».

JEREMÍAS 1.4-5 (NVI)

Los libros proféticos

La Biblia hebrea se divide en tres secciones mayores y básicas: la ley (*Torá*), los profetas (*Nebi'im*) y los escritos (*Ketubim*). La segunda, que es la mayor, conocida como «los profetas», a su vez se divide en dos partes: «profetas anteriores» y «profetas posteriores». En el primer grupo se incluyen las obras de Josué, Jueces, Samuel y Reyes; en el segundo, los libros de Isaías, Jeremías, Ezequiel, Daniel (siguiendo el canon cristiano) y los doce. Cada sección de los profetas en el canon hebreo consta de cuatro rollos, pues los judíos contaban los dos libros de Samuel y Reyes como uno, así también como el de los doce, que también es conocido como los «profetas menores» en las ediciones cristianas de las Escrituras.

Los llamados «profetas posteriores» en las publicaciones hebreas, o «profetas mayores y menores» en las ediciones cristianas, incluyen una serie de mensajes y oráculos que transmiten la voluntad de Dios al pueblo de Israel en diversos períodos de la historia nacional. Específicamente, anuncian esa necesaria palabra divina de esperanza y vida al pueblo y sus líderes, desde los tiempos posteriores al establecimiento de la monarquía (después del siglo x a. C.), hasta la importante época postexílica (después del siglo v a. C.), en la cual el pueblo regresó del exilio en Babilonia o se quedó viviendo en la llamada diáspora judía en diversas naciones del Oriente Medio.

Ese extraordinario grupo de autores, profetas, poetas, educadores, predicadores, visionarios y activistas le dieron al pueblo una perspectiva de la historia que incorporaba los temas de la integridad y la esperanza como valores espirituales, éticos y morales impostergables. Esos líderes le brindaron a la sociedad y la historia una perspectiva de la vida que incorpora los valores que representan la voluntad de Dios en medio de las vivencias cotidianas del pueblo.

La importancia del profetismo en la Biblia se pone claramente de manifiesto al identificar y estudiar la gran afirmación teológica y social que describe la religión del pueblo de Israel como «profética». El sentido primario de esa declaración es que los profetas, en el desempeño de sus ministerios, intentan comunicar el mensaje divino al pueblo en categorías pedagógicas, morales, éticas, religiosas y espirituales que la comunidad pudiera entender, afirmar, asimilar, vivir, disfrutar, compartir y aplicar. Eran un grupo aguerrido y valiente de educadores y visionarios, que traducían las revelaciones de Dios en mensajes entendibles y palabras desafiantes, tanto al pueblo como a sus líderes. Esos mensajes proféticos tenían implicaciones personales, nacionales e internacionales.

El estudio sobrio de esta singular literatura revela que los profetas no se veían a sí mismos, ni mucho menos se presentaban, como fundadores de una nueva religión o promotores de algún tipo novel de experiencia mística: eran agentes de renovación y cambio, fundamentados en la experiencia cúltica del pueblo, para identificar, afirmar e incentivar las implicaciones, aplicaciones y actualizaciones de los valores éticos y morales de la revelación divina en la vida del pueblo, la nación y sus líderes. Y con esa finalidad transformadora fueron creando con el paso del tiempo un gran cuerpo de ideas, conceptos, valores, teologías y enseñanzas religiosas, en continuidad con las tradiciones ancestrales, que pusieron en evidencia lo mejor de la religión bíblica.

Entre esas enseñanzas y teologías de los profetas bíblicos se deben destacar dos valores como prioritarios: las continuas exhortaciones al pueblo a ser fieles a las revelaciones divinas y el anuncio de un nuevo orden de cosas, que permitirá la implantación plena de la justicia, la paz y la voluntad divina en medio de la historia humana.

La palabra castellana «profeta» traduce el vocablo griego *profetes*, que, desde la perspectiva lingüística, transmite la idea de «anunciar», «decir» o «presentar» algún mensaje. En el idioma griego, en efecto, la preposición *pro*, significa «estar delante de» o «estar en presencia de»; y el verbo *femi* describe el acto de «decir», «anunciar» o «comunicar». De esta forma, *profetes* —«hablar en vez de», «ser portavoz de» o «hablar ante alguien»—, es la palabra griega que utilizó la traducción de la Biblia hebrea al griego, la *Septuaginta* (LXX), para verter la voz hebrea *nabí*, que como significado primario y fundamental pone en evidencia la acción de «comunicar» algún mensaje, que en el entorno específicamente religioso y bíblico proviene de parte de Dios. El profeta bíblico, o *nabí*, era una persona llamada por el Señor para transmitir su mensaje.

En la Biblia hebrea se incluyen diversas palabras y expresiones que describen la actividad profética de estos personajes importantes en las Escrituras. Expresaban la voluntad divina en términos de la salvación y liberación del pueblo, o en relación con los juicios y los reproches del Señor. Y entre esos vocablos se incluyen los siguientes: *nabí* (profeta, que es el más frecuente, con 315 veces), *hozeh* (visionario, que aparece en 17 lugares) y *roeh* (vidente, que se incluye en 9 ocasiones).

La expresión *ish elohim* («hombre de Dios», que es la frase más frecuente que describe a algún profeta), se aplica a Moisés (Jos 14.6), Samuel (1 S 9.6), Elías (1 R 17.18, 24) y Eliseo (2 R 4.7, 9, 16, 21, 25, 27, 40). Otras frases que describen a estos personajes y sus actividades son las siguientes: «mensajero del Señor» (Is 44.26; Hag 1.13), «siervo del Señor» (2 R 9.7; Am 3.7; Zac 1.6), «hombre del Espíritu» (Os 9.7), y «vigía», «atalaya» o «centinela» (Is 52.8; Jer 6.17; Ez 3.17; 33.2, 6; Os 9.8). La importancia teológica de estas expresiones es que describen la comprensión que tenía la comunidad bíblica antigua de sus actividades, palabras, teologías y ministerios.

Aunque generalmente en entornos seculares la idea que se transmite con la palabra «profeta» es la de predicción, augurio o adivinación de algún evento futuro, en la Biblia la expresión tiene un significado más concreto y definido: alude específica y claramente a alguien que habla en el nombre del Señor. Tanto en las narraciones que se incluyen en el Antiguo Testamento como en el Nuevo, los profetas eran personajes singulares que fueron escogidos, separados y llamados por Dios para llevar a cabo una encomienda específica, y también para presentar un mensaje determinado en un instante singular de la historia. Sus palabras estaban dirigidas principalmente al presente del pueblo, pero la obediencia o rechazo a ese mensaje, en efecto, tenía implicaciones para el porvenir.

Referente a las personas que llevaban a efecto las labores proféticas en la Biblia, es menester afirmar que también las mujeres son identificadas como parte de ese importante movimiento social, religioso y espiritual. Varias mujeres en las Escrituras son específicamente llamadas «profetisas», entre las que se pueden identificar a María, quien le salvó la vida a su hermano Moisés (Ex 3; 15), Débora, que también era juez en Israel (Jue 4-5), Hulda (2 R 22.14; 2 Cr 34.22), y la esposa de Isaías (Is 7.3-9). Esas mujeres contribuyeron de forma destacada al desarrollo del movimiento profético en Israel, y posiblemente por razones culturales y de prejuicios de género, que intentaban destacar la labor de los hombres en prejuicio de las contribuciones femeninas, las referencias a las profetisas no son muchas ni se presentan con muchos detalles.

Estos hombres y mujeres se convertían en voceros divinos que transmitían, tanto a la comunidad en general como a sus líderes en particular, la revelación que habían recibido del Señor. No eran adivinos profesionales ni futurólogos entrenados, sencillamente eran personas del pueblo que entendían que debían proclamar y transmitir, con responsabilidad, seguridad, firmeza y autoridad, el mensaje de Dios en un momento histórico concreto, definido y específico. Y cuando sus palabras proféticas tenían implicaciones futuras, siempre las relacionaban con eventos, dinámicas, experiencias y realidades de la sociedad en que vivían.

Los profetas y sus hazañas no solo se incluyen en los grandes libros que llevan sus nombres, sino que se encuentran también en la literatura histórica y narrativa de la Biblia. Por esta singular razón es que los libros de Josué, Jueces, Samuel y Reyes se consideran «proféticos» en la Biblia hebrea, pues entre sus relatos se incluyen algunos episodios, de gran significado teológico e histórico, de las labores que los profetas no literarios (es decir, los que no escribieron sus mensajes, o que sus palabras no se registran en algún libro que los identifique) llevaban a efecto. Esas narraciones proféticas tienen gran importancia teológica y espiritual no solo para la comprensión del mensaje de la Biblia, sino para la evaluación adecuada de la fenomenología de la religión en general, y para el estudio del judaísmo y el cristianismo en particular.

Ese es el caso concreto, por ejemplo, de Samuel (1 S 7.2-17), Natán (2 S 7.1-29), Elías (1 R 17.1-19.21), Eliseo (2 R 2.1-8.15), Gad (2 S 24.11-14,18-19), Ahías (1 R 14.2-18), Débora (Jue 4.1-5.31), María (Ex 15.20-21) y Micaías (1 R 22.14-20). Estos profetas comunicaron con valentía y seguridad la palabra de Dios al pueblo en diversos momentos de desafíos nacionales, aunque sus mensajes no se conservan en libros relacionados con sus nombres.

Desde la perspectiva canónica, el comienzo de la institución de la profecía se relaciona directamente con la revelación divina en el monte Sinaí (Ex 20.18-19). En esa importante narración se indica que el pueblo estaba atemorizado con las manifestaciones físicas que acompañaban la presencia de Dios en el monte. Y ante esos temores, los israelitas le pidieron a Moisés que les hablara él, pues creían que si Dios se revelaba a ellos directamente morirían. Esas perspectivas teológicas se expanden y aclaran en el código del Deuteronomio, donde Dios mismo promete que le hablará al pueblo a través de profetas (Dt 18.15-20).

La preocupación divina, de acuerdo con estos relatos bíblicos, se relaciona fundamentalmente con el peligro que tenía el pueblo de imitar las costumbres de las comunidades paganas de la región. El rechazo divino se relacionaba particularmente con las prácticas abominables de la magia, la adivinación y la nigromancia. La profecía, según estas narraciones antiguas, se asocia con el rechazo directo a una serie de prácticas cúlticas que, según los textos del Pentateuco, no representan ni afirman la voluntad divina para la comunidad hebrea primitiva.

Antecedentes de la profecía bíblica

La preocupación por conocer el futuro y procurar el bienestar ha estado en la mente de las personas desde que tenemos conciencia de la historia de la humanidad. Ya sea por inseguridades personales, preocupaciones reales o curiosidades individuales, a la gente le ha interesado conocer los misterios del porvenir, quizá para evitar calamidades o para preparase bien y disfrutar el mañana. Por esa razón han recurrido a diversas prácticas, como, por ejemplo, la adivinación, la magia y la profecía, pues deseaban escuchar de las divinidades y sus representantes lo que les deparaba el futuro.

Los procesos de adivinación pueden clasificarse en dos tipos: inductivo e intuitivo. El primero recurre a la observación del movimiento de las estrellas, a la evaluación del comportamiento de los animales, al sacrificio de animales y al análisis de partes de sus cuerpos (p. ej., entrañas), o también a la observación del movimiento de algunos líquidos, generalmente el agua. También se han usado instrumentos en el proceso adivinatorio, como copas, bastones o varas, además de dados, piedras o trozos de madera.

Los actos intuitivos de adivinación, por su parte, se relacionan con la interpretación de sueños, la consulta a personas muertas y la comunicación de la voluntad de los dioses a través de oráculos. Y es esta última modalidad, la comunicación de oráculos o mensajes divinos, la que más nos interesa para el análisis de los profetas bíblicos. La Biblia rechaza de forma abierta y continua el consultar con personas muertas para descubrir la voluntad divina.

Esas experiencias de adivinación, o de presentación de oráculos, se pueden encontrar en diversas regiones de Mesopotamia. Y se utilizaban en la selección de jefes o monarcas, en momentos de crisis para comenzar o evitar alguna guerra, para evaluar la salud o enfermedad de alguna persona distinguida, o para advertir alguna desgracia nacional. La adivinación respondía directamente a necesidades personales o preocupaciones nacionales.

Los pueblos antiguos que circundaban el Israel bíblico compartían la idea de que las divinidades podían y deseaban comunicarse con las personas y las naciones. Y era también común la convicción de que esa comunicación debía establecerse a través de personas especializadas en asuntos pertinentes a la revelación divina. En efecto, para transmitir la voluntad divina a las personas y la sociedad, en el mundo antiguo que presuponen las narraciones bíblicas se necesitaban personajes singulares que tenían la capacidad de relacionar el mundo de lo divino con las esferas humanas. Se trata de unos mediadores, personas que podían recibir esas revelaciones y mensajes y transmitirlos a sus semejantes. En esas dinámicas de revelación había algunos mediadores aceptados, y también otros descalificados. Unos mediadores eran reconocidos como verdaderos y otros identificados como falsos. En la Biblia se rechaza vehementemente la adivinación y la magia como medios adecuados para consultar o conocer la voluntad de Dios.

En el Israel bíblico también se manifiestan los deseos de conocer los misterios del futuro y de influenciar positivamente el desarrollo de los acontecimientos. Y se identifican una serie de mediadores que se encargan de relacionar el mundo de lo divino con las esferas humanas. Y estos mediadores se denominan de diversas formas a través de la historia del pueblo: el ángel del Señor o de Dios (Gn 16.7-12), sacerdote (Jue 1.2-3), vidente (1 S 9.9, 11, 18, 19), visionario (2 S 24.11), hombre de Dios (1 S 2.27) y profeta, que es el término clásico y más usado para referirse a la persona que transmite la voluntad divina al pueblo (Jue 4.4; Os 12.14).

La literatura y el mensaje de los profetas

Los libros de los profetas contribuyen de forma destacada a la valoración espiritual, ética y moral, tanto positiva como liberadora, de las Sagradas Escrituras. Esta magnífica obra, como los libros de Isaías, Jeremías, Ezequiel, Daniel y los doce, son documentos de mucha importancia teológica y gran belleza literaria. En los mensajes que incluyen estos libro se manifiestan no solo virtudes teológicas, religiosas y espirituales, sino que se ponen en clara evidencia las grandes capacidades literarias y de comunicación de esos personajes, a la vez que se descubre el conocimiento amplio que los autores tenían de las dinámicas políticas, históricas, sociales y económicas en el entorno nacional e internacional que servía de marco a sus oráculos.

La comunicación profética, de acuerdo con la literatura bíblica disponible, se transmitía en variadas formas y estilos, pues aunque hay patrones comunes y tendencias metodológicas similares, cada autor y profeta le añadía una particular dimensión personal y específica. Y entre esas formas de presentar el mensaje se pueden identificar las siguientes: visiones y sueños (Jer 1.11-13; Am 7.1-9; 8.1-3; 9.1-4), himnos y salmos (Is 12.1-6; 25.1-5; 35.1-10), oraciones y plegarias (Jon 2.2-10; Hab 3.2-19), reflexiones sapienciales y educativas (Is 28.23-29) y alegorías y parábolas (Is 5.1-7).

Un componente importante en la literatura profética son las narraciones vocacionales. Estos relatos ponen de manifiesto la intimidad que se desarrollaba entre Dios y el profeta, además de identificar el contexto histórico de la vocación. En efecto, este tipo de literatura de llamamientos proféticos destaca y subraya las credenciales espirituales y morales del profeta, que ciertamente le autorizan a presentarse ante el pueblo y sus líderes como enviado y representante del Señor (p. ej., Is 6.1-13; Jer 1.4-10; Ez 1.1-3.27; Os 1.1-3.5).

Los mensajes proféticos incluyen temas relacionados directamente con la salvación y el juicio: son esencialmente palabras de liberación y redención de parte del Señor, o discursos de condenación e ira divina. En los primeros se destaca el amor de Dios, que se muestra de manera concreta en la manifestación plena de su misericordia y en su extraordinaria capacidad y disposición de perdonar y restaurar al pueblo, cuya característica fundamental incluía la infidelidad religiosa y específicamente la tendencia a la idolatría (Is 4.3-6; Jer 31.31-34; Ez 37.1, 14).

Los mensajes de juicio, por su parte, eran discursos fuertes, firmes y aguerridos, que condenaban firmemente las actitudes sincretistas, rechazaban las decisiones injustas y aborrecían las acciones idolátricas del pueblo y sus líderes. Esos oráculos de represión se producían cuando el pueblo vivía a la altura de las exigencias éticas y las normas morales del pacto revelado por Dios en el monte Sinaí.

En ocasiones, inclusive, esos mensajes de juicio divino comenzaban con una expresión intensa de angustia y amargura, un doloroso «ay» profético, que denuncia públicamente y rechaza con firmeza los pecados de individuos (Is 22.15-19; Jer 20.1-6; Ez 34.1-10), las maldades de las naciones idólatras (Am 1.3.3.3) e, inclusive, las transgresiones e infidelidades del pueblo de Israel y sus líderes (Is 5.8-30; Am 2.6-16).

Con regularidad, los mensajes proféticos se introducen de forma directa, clara y precisa. Expresiones como «Así dice el Señor», o «Palabra del Señor que vino a...», o semejantes, sirven para iniciar los procesos de comunicación de esos mensajes de salvación y juicio, de esos oráculos de esperanza y condenación, de esas palabras de restauración y reproche. La autoridad del mensaje, en efecto, no se fundamenta en alguna virtud humana del profeta, sino en la naturaleza santa y la esencia justa de Dios.

Esas palabras proféticas se fundamentan en una muy firme y estable teología de pertinencia. El Dios justo y santo responde con vehemencia y firmeza a los pecados de la humanidad, particularmente a las faltas del pueblo escogido que, por haber recibido la especial revelación divina en el Sinaí, debe actuar de manera diferente al resto de las naciones paganas. Esa es la razón básica para el enjuiciamiento profético del pueblo y sus gobernantes: el Señor rechaza de manera absoluta y decidida la mentira, el orgullo, la prepotencia, la arrogancia, la idolatría y la injusticia, y sus respectivas manifestaciones y consecuencias.

Esa misma teología contextual de pertinencia y pertenencia, de acuerdo con los profetas de Israel, destaca, afirma y revela que el Señor también está muy interesado en manifestar todo su poder liberador, salvador y redentor no solo al pueblo de Israel, a quien llevó del cautiverio en Egipto a las tierras de libertad en Canaán, sino al resto de la humanidad. Esa manifestación extraordinaria de misericordia divina tiene como objetivo último llegar a todas las naciones del mundo para que conozcan y reconozcan, con seguridad y esperanza, que el Señor es el único Dios (Is 1.3; Ez 36.23, 36; 37.28; 39.7-8).

Medios de comunicación profética

Un análisis sosegado de los mensajes que se incluyen en la literatura profética pone de relieve varios medios de comunicación por los cuales se revelaba la voluntad divina al pueblo. Y esos medios son la palabra hablada, la escrita y las acciones simbólicas. Por estos medios los profetas transmitían las revelaciones de Dios al pueblo y sus líderes.

De fundamental importancia en ese proceso de comunicación son las visiones, las palabras y los trances:

1. Las visiones. Uno de los medios más comunes que utilizaban los profetas para transmitir sus mensajes al pueblo eran las visiones. Su importancia escritural se pone claramente en evidencia al analizar varios pasajes bíblicos. En primer lugar, al introducir al famoso Samuel en la historia bíblica —líder que ungió a los dos primeros reyes de Israel—, se indica que en aquella época «no eran frecuentes las visiones», que era una manera de afirmar la importancia y necesidad religiosa y espiritual de este personaje.

Además, la importancia de las visiones supera los linderos históricos. Según el profeta Joel, en los postreros días —es decir, en la época escatológica—, Dios mismo intervendrá en la historia y los jóvenes tendrán visiones (Jl 3.1). De esa forma se afirma la importancia de este medio de comunicación profética desde el comienzo mismo de su irrupción en la historia nacional hasta el final de la historia.

Este reconocimiento e importancia de las visiones como medios de comunicación profética no impide que sus propios representantes manifiesten serias reservas ante su uso y abuso por los llamados «falsos profetas» (p. ej., Ez 13). Aunque las visiones son vehículos adecuados de la revelación divina, los profetas mismos rechazan el uso inadecuado e impropio de esos medios de comunicación.

El análisis profundo de las visiones de los profetas revela algunas peculiaridades que no deben ignorarse ni subestimarse. Desde la perspectiva de los protagonistas o videntes, las visiones pueden tener las siguientes características:

- De personajes celestiales (1 R 22.19-23; 2 R 6.17) o terrenales (2 R 8.10, 13).
- El escenario de la revelación puede ser la corte celestial (Is 6; 1 R 22), los cielos o el cosmos (Am 7.3-4), una ciudad (p.ej., Nínive, Nah 2-3), un campo de batalla o cementerio (Ez 37) o la Nueva Jerusalén (Ez 40-48).
- Además, hay visiones donde predominan los elementos auditivos (Gn 15.1; 1 S 3), no solo los componentes visuales.

Desde el punto de vista del tiempo de la revelación, la visión puede referirse:

- Al futuro inmediato (2 R 8.10, 13; Jer 38.21-23).
- Al futuro próximo (p. ej., los mensajes que aluden a la restauración del reino o de la ciudad de Jerusalén, o sencillamente a un futuro indeterminado, lejano y hasta ideal, Is 2.1-4).

Y desde la óptica del contenido del mensaje, las visiones pueden ser:

- De juicio o condena (Ez 8-11).
- De restauración y salvación (Ez 37).

2. Las palabras. La palabra es el medio fundamental de comunicación profética. Inclusive, a los profetas se les conoce como «hombres (y también mujeres) de la palabra». La expresión hebrea *dabar elohim* aparece como 241 veces en el Antiguo Testamento y, de todas esas ocasiones, en 225 se refiere a la palabra recibida o anunciada por alguno de los profetas bíblicos.

De singular importancia es notar que las Escrituras subrayan que los profetas comunican su mensaje en el nombre del Señor, pero en ocasiones, cuando hablan por cuenta propia, cuando no incluyen alguna de las fórmulas proféticas (p. ej., «oráculo del Señor» o «Así dice el Señor»), se generan dificultades o malentendidos (1 S 22.5; 1 R 1 y 17.1).

El énfasis y la reiteración de la relación entre el profeta y la palabra divina pone claramente de manifiesto que, según la teología bíblica, Dios revela su voluntad particularmente a través de los profetas. En más de 900 ocasiones se afirma que la palabra del profeta proviene del Señor, que ciertamente es una manera reiterada de indicar que el fundamento del mensaje profético es divino.

Entre las fórmulas más comunes de comunicación profética se encuentran las siguientes:

– Vino la palabra del Señor a X: 130 veces
– Dijo el Señor a X: 103 veces
– Así dice el Señor: 425 veces
– Oráculo o mensaje del Señor: 365 veces
– Dice el Señor: 69 veces
– Habla el Señor: 41 veces

Ante la palabra divina, el pueblo puede reaccionar con humildad y obediencia, o también rechazar el mensaje (Ez 33.30-33).

3. Los éxtasis y trances. Las dos fórmulas básicas de comunicación profética en la Biblia son las visiones y las palabras; sin embargo, en nuestro análisis no podemos ignorar un elemento singular que se manifiesta con frecuencia en el fenómeno profético: los éxtasis y trances. La conducta extraña de los profetas en algunas ocasiones hace que nos detengamos en ese tipo de comportamiento. Ese tipo de experiencia se relaciona con los mensajes y las actividades de los profetas.

Basta mencionar algunos casos singulares y específicos: después del sacrificio en el monte Carmelo, según los textos bíblicos, el profeta Elías se siente con fuerzas extraordinarias para llegar corriendo hasta el rey en el nombre del Señor (1 R 18.42-46). Respecto a Eliseo, la narración bíblica indica que, por lo menos en una ocasión, lo tomó la mano del Señor en esa dinámica y predijo lo que sucedería el día siguiente (2 R 8.11).

En torno a Ezequiel, los recuentos de su ministerio en las Sagradas Escrituras son significativos. Revelan que, en ocasiones, el profeta manifestaba signos extraños de postración y hasta de depresión, a la vez que se indica que marchaba enardecido y firme, pues «el Señor lo empujaba» (Ez 3.15). En otras ocasiones los relatos dicen que se sentía atado con sogas y también mudo (Ez 3.25 y ss.); y que, además, lo tomaban por el pelo y lo trasladaban de Babilonia a Jerusalén para posteriormente regresar a los desterrados (Ez 8.1-4; 11.24).

Respecto a estas experiencias hay que indicar primeramente lo siguiente: los relatos bíblicos no son recuentos científicos que se fundamentan en algún tipo de análisis médico o sicológico. Se tratan, más bien, de narraciones que tienen una específica finalidad teológica, y cuentan las experiencias de los profetas en medio de sus procesos de comunicación. El propósito de esos textos bíblicos es poner de manifiesto cómo el Señor utilizó a algún profeta para la comunicación de la voluntad divina o para el anuncio del mensaje al pueblo. Esas narraciones deben ser adecuadamente entendidas desde esa perspectiva teológica, religiosa y espiritual.

Aunque los trances y los éxtasis son parte de las sociedades contemporáneas, específicamente en diversos contextos religiosos, las narraciones bíblicas no deben ser el fundamento para evaluar las virtudes o destacar los defectos de ese tipo de experiencia humana. Lo positivo o negativo de los trances no debe ser entendido a la luz de la lectura simple de las narraciones bíblicas, sino con la evaluación crítica y sobria de esas porciones de las Escrituras.

Los géneros literarios

De fundamental importancia en la comprensión del mensaje de los profetas es el análisis literario de los oráculos y las profecías bíblicas. El estudio sistemático y la catalogación sosegada de esos mensajes han puesto claramente de manifiesto diversos géneros literarios. Y el análisis sobrio de esos géneros nos permite comprender la naturaleza y extensión del mensaje profético.

Aunque en ocasiones los profetas recurrían a algunas formas de comunicación homilética, por lo general, y para facilitar la comprensión del mensaje, usaban los modelos que llegaban de sus contextos inmediatos y diarios. El análisis de esas formas de comunicación, que se servían del entorno cultural del Oriente Medio, nos permitirá penetrar con alguna efectividad en el ideario y la imaginación profética. Y entre los géneros literarios que utilizaron los profetas se pueden identificar los siguientes:

- Géneros que surgen de la literatura sapiencial: dentro de esos géneros se pueden identificar, por ejemplo, parábolas (2 S 12.1-7), alegorías (Ez 17.1-9), bendiciones y maldiciones (Jer 17.5-8), comparaciones (Jer 17.1) y preguntas (Am 3.3-6).
- Géneros relacionados con el culto en el templo: asociados con las experiencias cúlticas, los profetas usaban himnos (Am 4.13; 5.8-9; 9.5-6), instrucciones (Am 4.4-5), exhortaciones (Is 1) y oraciones (Jer 32.16-25).
- Géneros que provienen de contextos judiciales: como los discursos acusatorios (Ez 22.1-16), las declaraciones de inocencia (Ez 18.5-9), los oráculos de condena contra los individuos (1 R 21.17 y ss.; 2 R 1.3-4; Am 7.16-17), las profecías condenatorias de las comunidades (Am 1.6-8; 9.8-10; Jer 2.20-25; Os 8.16-18) y los oráculos de salvación (Is 41.8-13).
- Géneros que llegan de la vida diaria del pueblo: en este apartado se pueden incluir cánticos de amor (Is 5.1-7), canciones de trabajo en el hogar (Ez 24.3-5, 9-10), himnos a la espada, que tiene ciertamente implicaciones bélicas (Ez 21.13-21), elegías asociadas al duelo y el luto (Am 5.2-3; Ez 19.1-9) y los ayes, que presagian la destrucción y la muerte (Is 5.7-10; 5.20; Hab 2.7-8).

La influencia del mensaje de los profetas

La sección de los profetas posteriores en la Biblia hebrea —Isaías, Jeremías, Ezequiel, Daniel (siguiendo el canon cristiano) y los doce— ha contribuido significativamente al desarrollo de la teología bíblica, tanto en el Antiguo Testamento como en el Nuevo. En las Escrituras judías estos profetas sirvieron de conciencia ética y moral, tanto nacional como individual, ante las reiteradas acciones impropias e injustas del pueblo y sus gobernantes. Y aunque los destinatarios originales de sus mensajes no siempre recibían con agrado las amonestaciones y represiones proféticas (Hag 1.2-15), las generaciones futuras aquilataron la importancia histórica, teológica, política, social y espiritual de estas palabras de desafío, sabiduría y educación. Por esa singular razón se reprodujeron, guardaron y transmitieron esos mensajes en formas orales y literarias, además de revisarlos a la luz de los nuevos desafíos que con el tiempo afectaban a la historia nacional.

El Nuevo Testamento comprendió que la profecía veterotestamentaria llegó a su culminación en el ministerio de Jesús de Nazaret. Por esa razón fundamental en la epístola a los Hebreos se afirma de manera categórica que Dios le habló al pueblo en diversos momentos y de varias maneras en la historia a través los profetas, pero que en la era final ha hablado por medio de su Hijo (Heb 1.1-2), a quien Dios mismo instituyó como heredero de todas las cosas.

Jesús de Nazaret, que para las iglesias cristianas y los creyentes es el Cristo de Dios, siguió fielmente esta importante tradición profética en su ministerio redentor en la antigua Palestina. Era consciente el Señor de la importancia espiritual, la pertinencia pedagógica y la relevancia teológica de esos mensajeros en la historia del pueblo de Israel. Y porque entendía muy bien las implicaciones transformadoras de esas enseñanzas y comprendía cabalmente los valores que transmitían los mensajes proféticos, Jesús afirmó el significado profundo de algunos mensajes, como se pone claramente de manifiesto en la sinagoga de Nazaret, en su interpretación de las enseñanzas que se incluyen en el libro del profeta Isaías (Lc 4.16-21).

El Espíritu del Señor ungió a Jesús, de acuerdo con el Evangelio de Lucas, para llevarle al pueblo una palabra de liberación y esperanza en la tradición de los antiguos profetas, ejemplificada elocuentemente en el mensaje del profeta Isaías. Y esa palabra novel de restauración nacional y renovación espiritual se hizo realidad en los discursos esperanzadores, las parábolas desafiantes, las sanidades misericordiosas y las liberaciones extraordinarias que el Señor pronunció o llevó a efecto.

2

❋ El libro del profeta Isaías

Entonces oí la voz del Señor que decía:
—¿A quién enviaré? ¿Quién irá por nosotros?
Y respondí:
—Aquí estoy. ¡Envíame a mí!

Isaías 6.8 (NVI)

El profeta

El libro de Isaías en el primero de los profetas escritores. De acuerdo con el testimonio bíblico, el profeta era hijo de un tal Amoz (Is 1.1) y llevó a efecto su ministerio en el reino de Judá, en el sur, específicamente en la ciudad de Jerusalén, durante los reinados de Uzías (2 R 15.1-7; 2 Cr 26.1-23), Jotam (2 R 15.32-38; 2 Cr 27.1-9), Acaz (2 R 16.1-20; 2 Cr 28.1-27) y Ezequías (2 R 18.1-20.21; 2 Cr 29.1-32.33), durante los años c. 740-700 a. C. El nombre Isaías significa «el Señor salva».

Desde la perspectiva familiar, el libro pone de manifiesto varios detalles que deben ser tomados seriamente en consideración, por su naturaleza simbólica y sus implicaciones teológicas. A su esposa se la conoce como «la profetisa», que puede ser su título oficial como compañera del profeta (Is 8.3) o que, en efecto, también cumplía funciones proféticas en el pueblo, cosa que no sería extraña en las tradiciones bíblicas, pues es el caso específico de María (hermana de Moisés y Aarón; Ex 15.1) y de Débora (Jue 4.4), a quien el texto bíblico identifica directamente como «gobernadora» y «profetisa».

La narración que alude a la esposa de Isaías está llena de simbología, pues se indica, inclusive, que hasta los nombres de sus dos hijos transmiten signos proféticos: Sear-jasub significa «un remanente volverá» (Is 7.3) y Maher-salal-hasbaz (Is 8.3) transmite la idea de que «el saqueo y la destrucción llegarán muy pronto». Todo su entorno familiar, en efecto, es parte del ministerio profético de Isaías.

La lectura cuidadosa del libro, particularmente de la primera sección (Is 1.1-39.8), revela que el profeta era una persona influyente y distinguida en la ciudad, gozaba de prestigio social y autoridad y disfrutaba de gran libertad de movimientos en el reino y de prestigio público. Como posiblemente era parte de la clase social, religiosa y políticamente privilegiada y aristocrática de Jerusalén, tenía la oportunidad de interaccionar con los líderes políticos (Is 7.3-17; 37.2), y también podía dialogar libremente con los sacerdotes y los altos oficiales gubernamentales, incluyendo al rey (Is 8.2). Además, comprendía muy bien las complejidades sociales nacionales y los desafíos políticos internacionales de su época, y no vacilaba en intervenir en asuntos del estado (Is 37.5-7). Isaías era un hombre influyente, culto e inteligente, que fue llamado por Dios para comunicar el mensaje divino en un período complejo y desafiante de la historia del pueblo de Israel.

El mensaje que presentó al pueblo revela no solo sus capacidades teológicas y su dominio crítico de las dinámicas sociales y políticas que incidían en su mensaje, sino que pone en evidencia sus grandes destrezas literarias y sus virtudes poéticas. Sus oráculos son una joya de la comunicación que ponen de relieve su buen nivel educativo, y demuestran, además, con claridad, su gran capacidad intelectual y su dominio pleno la retórica profética. En efecto, Isaías era un hombre muy bien preparado e inteligente, que estaba decidido a hacer la voluntad divina en medio de una sociedad llena de cambios drásticos y retos formidables. Responder positivamente al llamado divino para transmitir la palabra de juicio y restauración, de reproche y esperanza, de crítica social y renovación espiritual.

Entorno histórico

El mensaje del profeta Isaías tiene como marco de referencia un período lleno de conflictos políticos internos y desafíos militares externos. De particular importancia histórica son las dinámicas continuas de agresividad y hostilidad entre los reinos de Israel y Siria, que se unieron para tomar control de Judá. El problema en común en la región eran las continuas y crecientes amenazas de invasión que les presentaban las políticas imperialistas de Asiria, que miraba hacia el sur para expandir sus horizontes políticos y comerciales con la conquista de los reinos de Siria, Israel y Judá.

Por el año c. 735 a. C. los reyes de Siria e Israel se confabularon y formaron una coalición para conquistar a Judá, que no quiso unirse al esfuerzo común para combatir y detener los avances militares asirios. El objetivo de esta llamada guerra «siro-efraimita» era derrocar al rey Acaz y sustituirlo por algún nuevo gobernante que deseara incorporarse a la alianza militar antiasiria.

Lamentablemente, ante el peligro real de ser depuesto y que terminara de esa forma en Judá la dinastía de David, el rey Acaz no escuchó los consejos prudentes y sabios del profeta Isaías (Is 7.4-9) y solicitó ayuda al mismo rey asirio, Tiglat-pileser III. Esa decisión estratégica, política y militar tuvo grandes repercusiones económicas, religiosas y sociales en el pueblo, pues fue el comienzo de un proceso de decadencia nacional y de servidumbre internacional.

En efecto, Tiglat-pileser III derrotó a Israel y Siria en la guerra, y protegió momentáneamente al rey Acaz y su reino de la crisis. El resultado del conflicto bélico fue la destrucción definitiva de la capital siria, Damasco, y la división de la sección norte del reino de Israel en tres provincias asirias gobernadas directamente desde la ciudad de Nínive. De Israel solo quedó un terreno no muy extenso alrededor de Samaria, y el rey Oseas se mantuvo por un algún tiempo más en el poder, hasta el año 722 a. C. (2 R 17.3-6).

Esa guerra es el contexto histórico inmediato de las profecías de Isaías referentes al Emanuel (Is 7.1-12.6), que afirmaban la presencia de Dios en medio de su pueblo. Isaías se opuso a esa imprudente e inefectiva alianza con Asiria para contrarrestar la coalición de Siria e Israel. De acuerdo con el profeta, esa era una manera impropia de relacionarse con un imperio pagano, en contraposición del mandato de la ley de Moisés; además, Isaías previó con claridad el alto costo político y económico de esta alianza, que culminó con una gran influencia asiria en el reino del sur y con el pago de una serie de impuestos onerosos al país.

Posteriormente, Ezequías, hijo de Acaz, también quiso liberarse de la dominación asiria y en el 705 a. C., a la muerte del rey Tiglatpileser III, declaró su independencia nacional. Sin embargo, solo le tomó a Senaquerib cuatro años reconquistar el poder imperial, y volvió a presentar una amenaza real e inminente al reino del sur. En esta ocasión los ejércitos asirios fueron conquistando de forma paulatina las diversas ciudades fortificadas de Judá, hasta que llegaron finalmente a Jerusalén. Una vez sitiaron la ciudad amurallada y se disponían a conquistarla de forma fulminante, una plaga mortal atacó al ejército, que tuvo que desistir de proseguir con la campaña militar y regresar sin esa conquista a Asiria (Is 3.1-39.8).

Esa experiencia de liberación nacional fue interpretada por los ciudadanos de Jerusalén como una respuesta a las plegarias del rey y el profeta, una manifestación de la misericordia divina a la ciudad, y una demostración más del poder de Dios en medio de su pueblo. Ese evento redentor fortaleció la convicción nacional que afirmaba que Jerusalén sería salvada por Dios de cualquier amenaza de destrucción, por ser la sede del templo que representaba la misma presencia de Dios en medio del pueblo.

El costo político y las implicaciones económicas de las decisiones de Ezequías no deben subestimarse. Además de haber perdido el control de sus ciudades aledañas, con la pérdida de ingresos por concepto de impuestos que eso representaba, tuvo que pagar grandes tributos a Asiria para evitar una invasión adicional, a la vez que el rey tuvo que declarar su fidelidad pública a ese imperio extranjero.

El libro

Los estudios bíblicos de los últimos dos siglos, han propuesto que el libro del profeta Isaías debe analizarse y dividirse en, por lo menos, tres secciones básicas y fundamentales. La primera, conocida como Isaías de Jerusalén (o Primer Isaías; Is 1-1-39.8), presupone que el pueblo vive en la ciudad de Jerusalén y los mensajes proféticos tienen un claro énfasis de juicio, aunque también incorporan algunos temas de esperanza (c. 738-700 a. C.). A la segunda parte del libro de la conoce como el Isaías de Babilonia (o Segundo Isaías; Is 40.1-55.13), y destaca los temas de consolación y esperanza en el período exílico (c. 550 a. C.). Y, para concluir, se presenta una sección final, identificada como Isaías del Retorno (o Tercer Isaías; Is 56.1-66.24), cuya teología alterna los mensajes de restauración nacional con los de juicio divino, y se produce nuevamente en la ciudad de Jerusalén, luego del regreso de los deportados en Babilonia (c. 538-515).

Este análisis temático, teológico, literario e histórico inicial no debe afectar adversamente el reconocimiento de la unidad general y canónica de la obra, que se presenta como los mensajes de un profeta que responde a diversas crisis nacionales e internacionales en el nombre del Señor. Además, el estudio más profundo de cada sección y de sus temas identifica con claridad varios vectores literarios importantes que le brindan al libro de Isaías su unidad y continuidad teológica básica.

El gran mensaje que se manifiesta con fuerza en las diversas secciones del libro es que la salvación del pueblo depende directamente de Dios y no de las alianzas políticas y militares con las diversas potencias mundiales. La liberación nacional es prerrogativa divina, no es el producto de la sagacidad política humana ni el resultado de las estrategias políticas.

La redacción de una obra tan importante y extensa como Isaías es el resultado del esfuerzo dedicado no solo del profeta Isaías, sino de la labor paciente y continua de sus discípulos, que se dieron a la tarea de recopilar sus enseñanzas, revisarlas a la luz de las nuevas realidades históricas del pueblo, para finalmente editar todo el material en las formas canónicas que lo poseemos el día de hoy.

Una estructura literaria que nos permite analizar la obra, que es la más extensa entre los libros proféticos (¡66 capítulos!), con sentido de unidad teológica y reconocimiento temático e histórico, es la siguiente:

- Mensajes de juicio contra Jerusalén y Judá (Is 1.1-5.30)
- El «Libro del Emanuel» (Is 6.1-12.6)
- Oráculos contra las naciones extranjeras (Is 13.1-23.18)
- Apocalipsis de Isaías (Is 24.1-27.13)
- Mensajes de juicio contra Judá e Israel (Is 28.1-33.24)
- Juicio a las naciones (Is 34.1-35.10)
- Narraciones relacionadas con el rey Ezequías (Is 36.1-39.8)
- Mensajes de consolación (Is 40.1-55.13)
- Poemas del Siervo del Señor (Is 42.1-9; 49.1-6; 50.4-11; 52.13-53.12)
- Mensaje a los repatriados de Babilonia (Is 56.1-66.24)

Mensajes de juicio contra Judá y Jerusalén

La primera sección del libro de Isaías (Is 1.1-5.30) está dedicada, en primera instancia, al reproche y la crítica de la conducta del pueblo, particularmente a las acciones de sus líderes, tanto religiosos como políticos y militares, que no cumplían con los estatutos divinos ni seguían con las enseñanzas que se derivaban de la Ley. Comprara al pueblo con las naciones de Sodoma y Gomorra (Is 1.10) para destacar la gravedad de la situación y puntualizar la inminencia del juicio divino.

El mensaje profético destaca las acciones pecaminosas de los gobernantes, que piensan que pueden salvar al país mediante acuerdos internacionales y alianzas estratégicas (Is 30.1-5), cuando el camino a seguir, según Isaías, es el de la obediencia, fidelidad y humildad ante un Dios que se identifica como «santo».

Uno de los títulos preferidos del profeta para referirse al Señor es «el Dios Santo de Israel» (véase, Is 1.4; 5.16, 19, 24; 6.1; 10.20; 30.11). Esa descripción y apelativo divino tiene, por lo menos, dos implicaciones teológicas inmediatas: exalta de forma directa la majestad, el poder y la bondad divina, a la vez que pone de manifiesto la misericordia del Señor hacia el pueblo de Israel. La santidad de Dios es un valor teológico fundamental en Isaías, que revela las implicaciones morales nacionales y las repercusiones éticas personales que demanda Dios de su pueblo y sus líderes.

La crítica profética llega también a las estructuras religiosas del pueblo. La reiterada conducta de rebeldía nacional y las manifestaciones continuas de infidelidad del pueblo son conductas adversas que hieren y ofenden a Dios, cuya naturaleza y esencia es la santidad. Ese Dios, al que aun los serafines aclaman con júbilo y afirman su gloria y santidad de forma repetida, demanda que el pueblo y sus representantes vivan de acuerdo con los valores y enseñanzas que provienen de la ley de Moisés. Y entre esas enseñanzas está la implantación de justicia que, según Isaías, no es un tema teológico o político para el diálogo filosófico y especulativo, sino un valor moral y espiritual que debe ser aplicado con liberalidad, tanto en medio de las relaciones interpersonales en la sociedad como en las relaciones y conversaciones diplomáticas internacionales.

Para el profeta, en efecto, aunque el culto a Dios y las ceremonias religiosas pudieran tener algún valor intrínseco inconmensurable, es vacía e inútil la adoración que presentan las personas que tienen «las manos manchadas de sangre inocente» (Is 1.15-17), que es una forma figurada de aludir a los actos de injusticia. Isaías relaciona la experiencia religiosa de la gente con el estilo de vida al afirmar que las diversas actividades en el templo, incluyendo los sacrificios, no tenían valor alguno ante Dios si no estaban acompañados por actos concretos de afirmación de la justicia en medio de las vivencias cotidianas del pueblo.

Ese juicio divino, según Isaías, tiene una finalidad purificadora, pues intenta restaurar y renovar al pueblo (Is 1.24-27). Es decir, que el castigo divino no es un fin en sí mismo, sino un medio para alcanzar el nivel ético, espiritual y moral que Dios requiere de su pueblo. La obra manifiesta un firme reclamo al arrepentimiento sincero (Is 1.10-20), que es la actitud humana que incentiva la misericordia de Dios.

Y respecto al juicio divino restaurador, el profeta incluye un tema de gran envergadura teológica e importancia histórica: un grupo pequeño del pueblo se salvará de las manifestaciones de la ira de Dios. El Señor, de acuerdo con este postulado teológico, no destruirá totalmente a Israel, sino que conservará un parte. Esos supervivientes, que serán salvados y redimidos por la misericordia y la bondad de Dios, se identifican en las Escrituras en ocasiones como el «resto» o «remanente» del pueblo (Is 1.9; 4.2-6; 10.20-22; 11.10-16; 28.5; 37.4, 30-32).

Otros de los temas que se afirman en esta sección inicial del libro son los siguientes: el reinado universal del Señor (Is 2.1-5), que presenta un futuro de paz y fraternidad entre las naciones; el rechazo divino a la arrogancia, el orgullo y la soberbia humanas (Is 2.6-22); el futuro glorioso de la ciudad de Jerusalén (Is 4.2-6), en representación del pueblo de Dios; y una serie de mensajes de juicio, que se inician con la dolorosa y significativa expresión «ay» para destacar la gravedad del castigo divino (Is 5.8-30). Se alternan de esta manera diversas formas literarias, como poesías, narraciones y hasta una parábola (Is 5.1-7).

El «Libro de Emanuel»

El relato de vocación de Isaías no se incluye al comienzo de su libro, como es el caso de otros profetas (Jer 1.4-9; Ez 1.1-3.27). Constituye la introducción del llamado «Libro de Emanuel» (7.1-9.6), cuyo contexto social, político y militar inmediato es la guerra siro-efraimita (c. 735 a. C.). Antes de presentar sus consejos y recomendaciones al rey en torno a esta seria crisis de seguridad nacional, Isaías presenta sus credenciales proféticas.

El año de la vocación es posiblemente el c. 740 a. C. (2 R 15.7; 2 Cr 26.23), y la visión tiene lugar, posiblemente en el templo de Jerusalén, en el lugar santísimo, donde estaba ubicado el arca del pacto, que era el trono o asiento visible y temporal del Dios invisible y eterno (Ex 25.21-22; Sal 99.1). El entorno de la experiencia es de grandiosidad y santidad, y el propósito es poner de manifiesto la vocación profética de Isaías. Los serafines, o los «ardientes», cantaban tres veces santo para enfatizar la perfección de la naturaleza santa de Dios (Is 6.3), y la pregunta divina pone de relieve el propósito del pasaje: ¿quién representará a Dios ante el pueblo? ¿Quién le hablará en el nombre del Señor? ¿Quién comunicará la palabra divina en los momentos de crisis? (Is 6.8).

La respuesta del profeta fue firme y decidida: «Heme aquí, envíame a mí» (Is 6.8). No hay ambigüedad, no hay asomo de duda, no hay dubitación, no hay desorientación. Isaías responde con certeza al llamado divino, aunque la empresa era compleja y difícil, y el pueblo no le iba a escuchar con agrado y aceptación. El profeta Isaías es enviado a predicar en medio de una sociedad que no estaba dispuesta a escuchar la palabra divina. Comenzando por el rey Acaz (Is 7.12), el pueblo decidió seguir sus propios criterios, caprichos, designios e intereses, en vez de atender con humildad y respeto el mensaje del profeta.

Esa rebeldía inicial, de acuerdo con el relato de vocación de Isaías, hacía que el pueblo se hiciera más ciego y terco ante el mensaje de Dios. Sin embargo, en la narración inicial de su llamado ya se pone de manifiesto, aunque de forma solapada y tenue, el tema del resto; pues aunque el juicio sea intenso, la destrucción extensa y la devastación profunda, un «tronco» de la simiente santa, es decir, un remanente del pueblo, se salvará (Is 6.13).

Las amenazas de los reyes de Damasco (Rezín) y de Samaria (Peka, el hijo de Remalías) contra el rey de Jerusalén, que propició la llamada guerra siro-efraimita, fue el escenario de los consejos del profeta Isaías al rey Acaz. En medio de la crisis, Acaz desestimó y rechazó las recomendaciones de Isaías y decidió buscar apoyo en Tiglat-pileser III. Esa decisión política, estratégica, militar y religiosa, le costó al reino de Judá muy cara, pues aunque los ejércitos sirios e israelitas fueros derrotados, Jerusalén quedó con una deuda de magnitud mayor ante Asiria que le hizo perder su independencia nacional y la redujo a una nación vasalla.

En ese contexto de crisis nacional Isaías afirma que antes de que una mujer joven, de edad casadera o virgen (Is 7.14) de acuerdo con la traducción de la Septuaginta (LXX), dé a luz un hijo, y ese niño tenga la edad suficiente para discernir entre lo bueno y lo malo, los ejércitos de Siria e Israel serían derrotados. Esa será la señal divina al rey. Y el niño se llamará Emanuel, que significa «Dios con nosotros».

Este mensaje de Isaías al rey Acaz no solo tuvo la importancia histórica inmediata en el contexto de esa guerra, sino que ha sido objeto de nuevas lecturas mesiánicas que han llevado este mensaje profético a nuevos niveles teológicos. El evangelista Mateo, por ejemplo, citó este pasaje como un anuncio extraordinario del nacimiento virginal del Mesías (Mt 1.23), que de acuerdo con la teología cristiana es Jesús de Nazaret.

Los oráculos del profeta Isaías continuaron, aunque el rey Acaz hizo caso omiso a sus palabras. Afirmó el profeta entonces que la esperanza del pueblo debe estar en el poder de Dios, no en las alianzas humanas que no tienen la capacidad de detener los ejércitos enemigos (Is 8.1-22). Además, reinterpretó la teología de las naciones enemigas para afirmar que Asiria era ahora un instrumento en las manos de Dios; es decir, que ese pueblo tradicionalmente enemigo de Israel era parte del plan divino para poner de relieve su juicio y manifestar su ira. Isaías le brinda de esta forma no solo a la literatura profética sino al resto de la Biblia una singular teología universalista, que presenta a Dios como Señor absoluto no solo de Israel sino de las naciones (Is 9.8-10.34).

En ese mismo contexto de guerra y mensajes de juicio y esperanza, el libro incluye dos profecías mesiánicas dignas de mencionar, pues tienen gran significación y virtud espiritual. La primera se relaciona con el nacimiento y reinado del Mesías futuro del pueblo, en el cual se revelan sus nombres propios: admirable consejero, Dios fuerte, padre eterno y príncipe de paz (Is 9.6). Estos nombres ponen de manifiesto su misión, naturaleza y poder. Además, respecto a este mismo personaje, que provenía de la dinastía davídica, se presenta el tiempo ideal en que ese importante descendiente establezca un gobierno extraordinario de justicia, paz, armonía y dignidad para toda la creación de Dios (Is 11.1-16). Estos pasajes también se han releído desde la perspectiva cristiana y se han asociado a la vida y obra de Jesús.

Oráculos contra las naciones extranjeras

La siguiente sección del libro de Isaías (Is 13.1-23.18) presenta una serie de mensajes de juicio a las naciones extranjeras que no solo ponen de relieve el nacionalismo del pueblo, sino que reafirman la teología universalista que previamente se había incluido en la obra (Is 10.5-34). Dios es Señor absoluto de toda la creación, de acuerdo con esta visión teológica, incluyendo los pueblos vecinos de Israel y hasta las naciones enemigas. El poder divino, según el libro de Isaías, no está confinado a las fronteras internas del pueblo de Israel, sino que sobrepasaba esos linderos locales para intervenir de forma decidida en la historia local, nacional, internacional y mundial.

Los profetas bíblicos desarrollaron ese gusto nacionalista por este tipo de oráculos, pues el juicio divino a sus enemigos eran siempre palabras de esperanza para el pueblo de Israel (Is 13.1-23.18; Jer 46.1-51.64; Ez 25.1-32.32; Am 1.1-2.16). Estos mensajes proféticos reconocen claramente el poder divino sobre todos los gobiernos humanos, que deben responder ante Dios por sus acciones éticas, morales, políticas y espirituales. Es importante esta sección del libro de Isaías, pues mueve el tema del juicio contra Judá e Israel al ámbito internacional, para posteriormente llegar a niveles cósmicos (Is 24.1-27.13).

Entre las naciones extranjeras que se identifican en el libro Isaías, y a las que se les presentan oráculos de juicio, están las siguientes:

– Babilonia (Is 13.1-14.32; 21.1-10)
– Moab (Is 15.1-16.14)
– Damasco (Is 17.1-14)
– Etiopía (Is 18.1-7)
– Egipto (Is 19.1-25)
– Tiro (Is 23.1-18)

Es importante notar, además, que en esta sección se incluye un oráculo contra Judá (Is 22.1-14) por su alegría prematura ante la huída de los ejércitos de Sargón II o de Senaquerib. También se presenta un mensaje de condenación a un individuo, Sebna, mayordomo o consejero del rey Ezequías, por una falta no identificada en el pasaje, pero que quizá pudo haber sido alguna recomendación que le hiciera al rey de una alianza con Egipto (Is 22.15-25).

Una importancia teológica adicional de estos mensajes de juicio a las naciones es que relacionan la profecía del libro de Isaías con realidades históricas específicas y concretas. Se pone en clara evidencia una vez más la pertinencia, contextualización y aplicación del mensaje profético, que tiene como finalidad última responder a las realidades humanas desde un punto de vista teológico. No son palabras que intentan atender situaciones hipotéticas e irreales, sino revelaciones divinas que atienden efectivamente las necesidades individuales y colectivas más hondas y sentidas de la humanidad.

Apocalipsis de Isaías

Esta sección del libro de Isaías (Is 24.1-27.13) se ha relacionado con la literatura apocalíptica por los temas teológicos que aborda y también por las imágenes literarias que desarrolla. Entre los asuntos que se ponen de relieve y se atienden en estos mensajes se incluyen los siguientes: el gran banquete escatológico, el castigo de los poderes celestiales y la resurrección de los muertos.

El contexto amplio de estos mensajes es el juicio a las naciones vecinas en la sección anterior, y los mensajes de amonestación y castigo a Israel y Judá en la sección posterior (Is 28.1-33.24). En esta ocasión el mensaje de reproche divino llega a los niveles cósmicos. El juicio del Señor llegará a toda la creación (Is 24.1-23), que es una forma adicional de enfatizar el tema del poder de Dios no solo sobre las personas, el pueblo de Israel y las naciones enemigas, sino sobre la naturaleza completa.

Al poema de juicio inicial le sigue un cántico de alabanzas al Señor por las maravillas que ha hecho (Is 25.1-12). Específicamente, se mencionan en el poema la derrota de los enemigos, la ayuda a la gente necesitada, el anuncio del banquete al final de los tiempos y la presentación del castigo a Moab, en representación de todos los enemigos de Dios y su pueblo. Es una manera adicional de poner de relieve la capacidad divina de implantar la justicia en medio de la historia de la humanidad.

Le sigue un salmo de confianza en el Señor (Is 26.1-21), que posiblemente consta de, por lo menos, dos poemas básicos. En primer lugar, el pasaje bíblico reconoce que el triunfo en la vida se debe a la intervención divina. Presenta, además, una oración de seguridad y confianza en el Señor y una petición de apoyo ante los enemigos. Culmina el salmo con la respuesta a las oraciones del pueblo y el consejo a esperar en la victoria que proviene únicamente del Señor.

El mensaje final de la sección (Is 27.1-13) desarrolla el tema de la restauración y el futuro. Se afirma que las naciones serán juzgadas, que Israel es la viña del Señor y que tendrá que sufrir, pero que los desterrados del pueblo regresarán del cautiverio. En este contexto amplio se presentan las naciones enemigas como monstruos legendarios, que es una forma grotesca y literaria de ridiculizarlas y desmerecer su poder.

Toda esta sección, que posiblemente proviene del contexto exílico, pone de relieve el poder divino sobre todos los poderes históricos y cósmicos. Se enfatiza la capacidad divina de manifestar su ira no solo en términos temporales, sino de forma escatológica. En efecto, la manifestación de los juicios de Dios supera los límites del tiempo para llegar hasta los últimos días de la historia. Este particular tema apocalíptico se desarrolla posteriormente con vigor en la literatura intertestamentaria y con fuerza en el Nuevo Testamento y la literatura cristiana.

Mensajes de juicio contra Judá e Israel

El tema general del juicio divino se mueve ahora del plano internacional (Is 13.1-13.18) y cósmico (Is 24.1-27.13) al nacional (Is 28.1-33.24). Y el contexto de estos mensajes es generalmente la crisis que generó la muerte en Asiria del rey Sargón II (705 a. C.) y la ascensión al trono y la consolidación del poder de su hijo, Senaquerib. En esa transición, el rey Ezequías estableció una alianza con Egipto que motivó una muy importante invasión asiria de Palestina.

Los mensajes que se incluyen en esta sección se articulan en una singular forma de comunicación profética que comienza la expresión «ay», para poner claramente de manifiesto la naturaleza, gravedad y extensión del juicio divino (Is 28.1; 29.1, 15; 30.1; 31.1; 33.1). Esta sección comienza con un reproche directo al reino del norte, Israel, posiblemente antes de la caída de Samaria (Is 28.1-13; 722 a. C.).

Entre los temas que se exponen en estos oráculos de juicio divino se encuentran los siguientes: la amonestación a los sacerdotes y profetas identificados como borrachos (Is 28.7-13); la represión por haber buscado ayuda en Egipto, desconfiando del poder divino (Is 28.14-22; 30.1-5); la afirmación de los planes divinos como sabios, en forma de parábola (Is 28.23-29); la proclamación del dolor de Jerusalén (identificada con el nombre simbólico de Ariel) y su futura liberación (Is 19.1-8, 17-24; 30.18-26); la afirmación en torno a la ceguera e hipocresía del pueblo (Is 29.13-14); el rechazo a quienes pretender actuar de espaldas al Señor (Is 29.15-16); el juicio divino contra Asiria (Is 30.27-33) y Egipto (Is 31.1-9); la advertencia a las mujeres de Jerusalén (Is 32.9-20).

En medio de estas profecías que ponen de manifiesto la ira de Dios hacia el pueblo de Judá y los ciudadanos de Jerusalén se ubica un oráculo en torno al rey justo que necesita el pueblo (Is 32.1-8). Aunque este mensaje muy bien puede relacionarse con las esperanzas mesiánicas que ya se habían revelado en el libro de Isaías (Is 9.1-7; 11.1-10), posiblemente se refiere a monarcas históricos que deben hacer cumplir la voluntad divina de implantación de la justicia para el disfrute pleno de paz y seguridad. El estilo literario del poema es sapiencial y la finalidad es claramente didáctica (Pr 8.15-16; 16.10-15; 20.16, 28).

La palabra final de este grupo de mensajes de juicio culmina con un firme y claro oráculo de esperanza y restauración (Is 33.1-24). Posiblemente este poema se usaba en el culto del templo, pues contiene secciones dialogadas en las que participan varios interlocutores (Is 33.14-16). Incluye: el sexto «ay» o anuncio de desastre (Is 33.1-6), una lamentación (Is 33.7-9) y la respuesta divina de exaltación (Is 33.10-13). Todo el mensaje culmina con la esperanza mesiánica de ver al gran rey, que manifestará ampliamente su poder salvador en el pueblo como juez y legislador.

Juicio a las naciones

Los mensajes de juicio que se articulan a la par de los oráculos de esperanza prosiguen en el libro de Isaías. En esta ocasión, el tema toca nuevamente a las naciones, y presenta el futuro glorioso de Jerusalén, identificada poéticamente como Sión (Is 34.1-35.10). El peligro ahora no es Asiria, pues el contexto histórico del mensaje presupone el período exílico, sino las naciones en general y Babilonia en particular. La esperanza de retorno a Jerusalén, luego de la experiencia amarga y dolorosa del exilio, genera en el pueblo un sentido grato de felicidad y gozo.

Posiblemente, por la afinidad en los temas, el estilo literario y el contexto histórico, estos poemas deben relacionarse con la segunda sección mayor del libro (Is 40.1-55.13), que presenta sus mensajes de forma similar. Y, de esta manera, el libro del profeta Isaías va moviendo su desarrollo temático del juicio a la redención, del cautiverio a la liberación, del dolor al júbilo. Esta sección, y la próxima, preparan el camino temático de la obra para la presentación del nuevo énfasis: la consolación y la restauración nacional.

Esta sección presenta dos aspectos fundamentales e indivisibles de las actividades de Dios en medio de la historia humana: el juicio divino que responde a los pecados e injusticias de las naciones y el gozo que produce regresar del cautiverio y superar las grandes dificultades en la vida. Una vez más el libro pone en balanza la ira y la misericordia de Dios. La convocación de las naciones (Is 34.1) es un recurso literario de importancia para subrayar la extensión y magnitud del juicio. Luego del exilio, aunque el pueblo ya ha experimentado el poder de la liberación, las dinámicas humanas requerirán que el mensaje divino mantenga ese importante dúo temático del juicio y la esperanza.

Narraciones relacionadas con el rey Ezequías

Entre las secciones de juicio divino de la primera sección del libro (Is 1.1-35.10) y los mensajes de consolación y esperanza en la segunda parte de la obra de Isaías (Is 40.1-55.13), se incluye una serie de narraciones de gran valor histórico y teológico que bajo ningún concepto deben entenderse como «apéndice». Se trata de algunos eventos de importancia relacionados con el rey Ezequías en el difícil contexto de la crisis de la ciudad de Jerusalén ante los posibles ataques asirios dirigidos por Senaquerib (Is 36.1-39.8).

En esencia, estos capítulos son casi idénticos a los que previamente se habían incluido en los libros de los Reyes (2 R 18.13-20.19) en torno a esa compleja crisis con el imperio asirio. Quizá, la omisión más importante y reveladora de la sección es que no se indica cómo el rey Ezequías se rindió ante los avances firmes y decididos de los ejércitos asirios, y también elude la referencia a los fuertes tributos que tuvo que pagar el monarca de Judá para mantenerse en el poder (2 R 18.14-16). Posiblemente el libro desea destacar el elemento milagroso de la liberación del ataque enemigo.

Los temas específicos que se exploran en esta sección son los siguientes: la descripción de la invasión de Senaquerib de las ciudades fortificadas de Judá (Is 36.1-22), la liberación «milagrosa» de la cuidad de Jerusalén de los ataques asirios (Is 37.1-38) y la muerte de Senaquerib a manos de sus propios hijos (c. 681 a. C.); la enfermedad mortal de Ezequías y la posterior prolongación de su vida después de que el monarca se humillara ante Dios en oración (Is 39.1-22); y, finalmente, la recepción de los delegados judíos provenientes desde Babilonia, que finaliza estos mensajes transitorios. Estos temas hacen la transición teológica, literaria e histórica desde la primera sección del libro, en la cual abundan los temas de juicio y los reproches divinos al pueblo, hasta la siguiente parte, que destaca los temas de esperanza, liberación, renovación y consolación.

Mensajes de consolación

En la segunda sección mayor del libro de Isaías (Is 40.11-55.13) el tono teológico de los mensajes cambia a la luz de las nuevas realidades políticas del pueblo y en referencia a las noveles dinámicas históricas que se ponían de manifiesto en Babilonia. Se nota un claro cambio temático en el libro con el poema inicial de la consolación del pueblo (Is 40.1-11). En efecto, los próximos capítulos del libro destacarán este importante tema de la consolación y esperanza del pueblo (Is 51.1-22), el cual se fundamenta en una muy firme, fuerte y clara teología de Dios como creador.

Los poemas de toda esta sección son vibrantes, intensos, llenos de adjetivos y títulos de Dios, y revelan no solo la gran virtud teológica e intelectual del profeta y autor, sino que manifiesta una extraordinaria virtud literaria y poética. Solo incluyen temas de consolación, restauración y esperanza. El contexto histórico que estos poemas presuponen, además, ya no es la vida y los desafíos diarios en la ciudad de Jerusalén, sino las complejidades sociales, políticas, económicas y religiosas del pueblo en el exilio en Babilonia.

La profecía del libro de Isaías en eminentemente contextual, pues ante las penurias de las crisis relacionadas con la derrota militar a manos de Nabucodonosor y frente a la pérdida de la nación y sus símbolos máximos como, por ejemplo, el rey y el templo, el mensaje del libro de Isaías enfatiza la alegría del retorno, la esperanza del fin del cautiverio, la añoranza de la liberación, los anhelos de restauración. Y ese viaje triunfal de regreso a la Tierra Prometida desde Babilonia (Is 44.28; 45.1-4) es descrito como si fuera un nuevo éxodo de Egipto (Is 43.18-19).

Si se comparan los poemas de la primera sección (Is 1.1-39.8) con los de la segunda (Is 40.1-55.13), se descubren una serie de diferencias que no debemos ignorar: en la segunda parte no se mencionan las figuras políticas del s. VIII a. C. (p. ej., Acaz o Ezequías), ni se hace referencia a las amenazas de los asirios, ni se alude a los reinos de Damasco o Israel; sin embargo, esa sección reconoce la derrota y destrucción de la ciudad Jerusalén (Is 40.1-2; 47.6; 48.20), y presenta al pueblo de Israel en el exilio babilónico (Is 42.14; 47.1-4; 48.20).

Y en medio de esas palabras de esperanza y futuro, se identifica al gran rey persa, Ciro, como un especial instrumento del Señor (Is 44.28; 45.1-4). Esa identificación de un monarca pagano, que sirve para llevar a efecto la voluntad divina, pone de relieve una vez más la teología universalista de toda la obra, que entiende que Dios no está cautivo en sus fronteras históricas nacionales ni es esclavo de las dinámicas culturales del pueblo de Israel. Por el contrario, es un Dios que manifiesta su poder en toda la creación, el mundo y el cosmos, incluyendo a los reyes extranjeros y hasta los enemigos, para que se sometan y cumplan la voluntad divina.

La teología de la creación tiene en el libro de Isaías, particularmente en esta sección, un papel significativo y un lugar destacado. De forma sistemática y reiterativa el profeta alude al poder creador de Dios como fundamento de la esperanza y seguridad del pueblo. De acuerdo con el libro de Isaías, Dios es el Señor absoluto del universo, y ante su poder extraordinario nada se escapa (Is 40.28; 41.1-4; 42.5; 45.11-13; 51.1-3, 6, 13-16). Inclusive, el fundamento de la liberación del pueblo es que el Dios creador lo liberará del cautiverio y del destierro con el mismo poder que manifestó durante la creación del mundo (40.28-31; 51.15-16).

Esta teología de la creación le brinda al libro un magnífico fundamento para elaborar sus mensajes de restauración nacional y futuro. Si el Señor, afirma esta teología, es el único creador del universo, la naturaleza y la humanidad, entonces todo lo creado está sometido a su dominio y autoridad. Y por esa razón fundamental ninguna fuerza de la naturaleza o poder humano, individual o nacional, pueden resistir, detener o alterar la manifestación de su voluntad. Nada ni nadie es capaz de obstruir la manifestación plena y grata de la salvación y redención divinas en medio de la historia humana. Y el pueblo de Israel, que estaba cautivo en el exilio en Babilonia, sería objeto de esa intervención redentora de Dios.

Entre los temas que incluye el profeta en sus mensajes se pueden destacar los siguientes: la seguridad que le brinda el Señor a Israel (Is 41.1-29); el Señor como redentor absoluto del pueblo (Is 43.1-7; 44.21-28; 49.8-26); el Señor como Dios único (Is 44.1-8); la insensatez de la idolatría (Is 44.9-20) y el rechazo de los ídolos (Is 45.20-46.13); la infidelidad del pueblo (Is 48.1-22); y el poder liberador de Dios (Is 52.1-12). Estos temas se concatenan para poner de relieve una de las secciones más hermosas e importantes de las Sagradas Escrituras.

En efecto, el Dios que se presenta en el libro de Isaías es todopoderoso, misericordioso y perdonador, hace cosas nuevas nunca antes vistas, comenzará un nuevo éxodo con el pueblo, es el redentor y salvador de Israel, hará nuevas todas las cosas, restaurará Sion y pondrá de manifiesto su plan de bendición para todas las naciones.

Poemas del Siervo del Señor

En esta sección del libro de Isaías se encuentra una singular serie de poemas o cánticos de gran importancia histórica, teológica y mesiánica: los poemas del Siervo del Señor (Is 42.1-9; 49.1-6; 50.4-11; 52.13-53.12). Estos poemas, además de transmitir un gran mensaje teológico de restauración nacional y renovación espiritual, revelan la gran capacidad poética y estilística del autor, y manifiestan un sentido misionero agudo, sabio y firme. Con el tiempo, las iglesias cristianas han visto en esos poemas la tarea redentora de Jesús, el Cristo.

Esa importante interpretación mesiánica se puede relacionar directamente con la actividad educativa y liberadora de Jesús de acuerdo con los evangelios, cuando el famoso predicador galileo leyó, interpretó y se aplicó a sí mismo el mensaje de uno de los pasajes de Isaías en la sinagoga de Nazaret (Lc 4.16-21; Is 61.1-3). Posteriormente las iglesias continuaron la interpretación mesiánica de estos poemas, y descubrieron en estos pasajes proféticos el anuncio extraordinario de la pasión y la muerte de Jesús, y también vieron en ellos la afirmaron plena de la resurrección de Cristo (Mt 8.17; Hch 8.32-33; Ro 15.21).

Estos poemas del libro de Isaías presentan al Siervo del Señor como un profeta elegido, llamado, comisionado y preparado por Dios para cumplir una encomienda singular en beneficio y salvación no solo del pueblo de Israel, sino para la bendición y redención de toda la humanidad. Sin embargo, para llevar a efecto su tarea liberadora debe, con la ayuda extraordinaria del Espíritu divino (Is 42.1), someterse primeramente a una serie cruel de padecimientos, persecuciones y torturas que solo puede superar y vencer con la ayuda del Señor. Al final de ese proceso angustioso de dolores intensos y sufrimientos máximos el Señor afirma nuevamente su dignidad y poder, y el Siervo es admirado y reconocido por reyes y naciones (Is 52.12-15).

Una de las dificultades exegéticas y hermenéuticas al estudiar estos pasajes es la identificación precisa del Siervo en el contexto inicial de las profecías del libro de Isaías. En torno a este asunto se han sometido varias posibilidades. En primer lugar se ha identificado al Siervo con el pueblo de Israel (Is 49.3), pero esa interpretación no toma en consideración que el pueblo no representa adecuadamente la misión ideal que se reclama de este particular personaje. Otros intérpretes indican que se trata posiblemente del profeta propiamente, o de alguno de sus contemporáneos. Y aun otros estudiosos indican que se alude a una figura ideal, un profeta anónimo que vendrá en el futuro escatológico a cumplir la voluntad de Dios en representación del pueblo de Israel y de las naciones. La iglesia cristiana tomó esa interpretación y la aplicó a Jesús como el profeta que vino y sufrió, en representación del pueblo, para hacer cumplir la voluntad del Señor.

De gran importancia en estos análisis es notar que la palabra «siervo» se utiliza en la Biblia hebrea para identificar a un grupo selecto de personas llamadas por Dios a cumplir una tarea especial. En esa tradición teológica se pueden identificar los siguientes personajes bíblicos: Moisés, Josué, David y los profetas (Jos 1.1-2; 24.29; Sal 89.20; Jer 25.4). Y en el libro de Isaías se llama siervo de Dios al pueblo de Israel con alguna frecuencia (p. ej., Is 41.8; 44.2, 21; 45.4; 48.20).

Además, el mismo término «siervo» tiene varios usos y referencias en esta sección del libro. Alude al pueblo pecador, que sufre como consecuencia de sus rebeliones e infidelidades, pero que posteriormente se vuelve a Dios para ser objeto de su misericordia perdonadora y su amor redentor. El Siervo del Señor, en efecto, puede ser el pueblo de Israel, que es representado en la figura de un personaje ideal, presente o futuro, que cumplirá de forma cabal la voluntad divina. Para las iglesias cristiana, el Siervo por excelencia es Jesús de Nazaret, el Cristo de Dios.

Mensaje a los repatriados de Babilonia

La sección final de este gran libro de Isaías (Is 56.1-66.24) consta principalmente de una serie de mensajes que alternan sus temas entre el juicio y la esperanza. La palabra profética llega en esta ocasión a las comunidades judías que habían regresado a Jerusalén del exilio babilónico. Incluye porciones en poesía y prosa para poner de manifiesto una vez más, entre otros, los pecados de idolatría del pueblo (Is 57.1-13), y también para afirmar nuevamente las posibilidades reales de redención.

El contexto histórico que presuponen estos mensajes cambia nuevamente. Ya no estamos en el s. VIII a. C., ni tampoco en el período exílico, sino en un nuevo tiempo de restauración nacional e institucional, de reconstrucción física y emocional, de renovación comunitaria e individual: la época postexílica del pueblo deportado de Judá, específicamente el retorno a la ciudad de Jerusalén.

El entorno general al que el profeta responde es el desánimo que se había generado entre los repatriados a Jerusalén al descubrir que el trabajo de restauración se hacía muy difícil por la falta de recursos económicos, el poco apoyo nacional e internacional y la hostilidad creciente y continua de algunos sectores enemigos del pueblo, como los samaritanos. Para el profeta, el origen de todas estas calamidades y dificultades nacionales es la actitud pecadora y rebelde del pueblo. Y en medio de todos estos menajes de juicio y restauración el importante tema teológico del pecado vuelve a cobrar importancia en el libro.

Para el profeta, el pueblo no logra alcanzar plenamente la salvación divina prometida, pues vive inmerso y obstinado en el pecado y la infidelidad que afecta adversamente su programa de reconstrucción. Y entre los firmes y continuos reproches condenatorios que se identifican en la obra se pueden mencionar los siguientes, a modo de ejemplo: los pecados del pueblo y sus gobernantes (Is 56.9-12); la corrupción gubernamental, específicamente en contextos jurídicos (Is 59.14-15); la desorientación ética y la perversión de los valores morales y religiosos (Is 57.4-5,9; 58.1-14; 59.12-13; 65.3-5; 66.3); y la inmoralidad rampante en la comunidad (Is 59.3,6-7). Esta lista es solo una muestra parcial de las dinámicas sociales y las actitudes que prevalecían en el pueblo luego del exilio.

Una característica literaria y teológica de esta sección del libro de Isaías es la disposición de los temas proféticos en formas antitéticas. Aunque los profetas tienen la visión que proviene de Dios, el pueblo no comprende esas revelaciones: el Señor lo que desea es la implantación de la justicia, no ayunos y sacrificios vacíos y estériles (Is 58.1-12); reclama fidelidad al pacto, no acciones pecaminosas que llevan a la violencia (Is 59.1-21); y demanda arrepentimiento y humildad, no arrogancia y prepotencia (Is 63.1-4.12). Si el pueblo, según el profeta, cambia esa manera inadecuada de ser, hacer y vivir, entonces el Señor hará que viven en plenitud, paz, seguridad y prosperidad. Y esa gran manifestación de misericordia divina convertirá al pueblo en siervo del Señor (Is 65.1-25).

De acuerdo con el mensaje del profeta, el Señor cambiará finalmente la suerte del pueblo y hará resplandecer de forma definitiva la luz divina en medio de las penurias nacionales (Is 60.1). Y en ese contexto extraordinario de renovación y liberación se pondrán de manifiesto «los cielos nuevos y la nueva tierra» (Is 65.17; 66.22), que son imágenes poderosas de restauración, para que el resto de las naciones reconozca el poder de Dios en Sión (Is 62.3).

En efecto, el futuro del pueblo de Dios no es la destrucción final y definitiva, según el libro del profeta Isaías, sino la renovación nacional y el reconocimiento pleno del poder y la misericordia de Dios. Y ese reconocimiento nacional será la base para la bendición internacional que llegará al resto de los pueblos del mundo.

Aunque cada sección del libro de Isaías pone de relieve sus peculiaridades literarias y estilísticas, y también sus prioridades teológicas y temáticas, se manifiesta a través de toda la obra un sentido muy importante de unidad canónica. De singular importancia en torno a este tema son las afirmaciones fundamentales en torno a Dios como «el Santo de Israel». Esas declaraciones teológicas en torno a la divinidad marcan un hito importante en la historia de la religión judía y cristiana, y también en la comprensión de la fenomenología de la religión. Ese Dios santo tiene un amor especial por Sión, que es una forma poética de referirse al pueblo de Israel. Y a través de esa revelación de amor divino extraordinario ese mismo Dios santo llega al resto de la humanidad y de las naciones con un mensaje de renovación, transformación y liberación. En efecto, el amor a Sión no se fundamenta en alguna virtud del pueblo sino en su propósito redentor a toda la humanidad.

3

❂ El libro del profeta Jeremías

Pero el Señor me dijo:
«No digas: "Soy muy joven", porque vas a ir
adondequiera que yo te envíe, y vas a decir todo lo
que yo te ordene. No le temas a nadie, que yo estoy
contigo para librarte». Lo afirma el Señor.

JEREMÍAS 1.7-8 (NVI)

Jeremías y su contexto histórico

El libro del profeta Jeremías es el segundo en el canon de los profetas mayores, luego de la obra de Isaías y justo antes de los oráculos de Ezequiel. Jeremías, hijo de Hilcías (Jer 1.1), provenía de una familia sacerdotal de Anatot, que era pequeña ciudad ubicada como a cinco kilómetros al noreste de Jerusalén, en una región asignada antiguamente a la tribu de Benjamín. Y comenzó su tarea profética siendo muy joven (Jer 1.7-8), pues el Señor le llamó a llevar a efecto esa importante encomienda por el año c. 626 a. C., luego de casi un siglo del ministerio de su predecesor, Isaías, y en el año decimotercero del rey Josías (Jer 1.2).

En medio de un contexto familiar profundamente religioso en el cual las tradiciones sacerdotales se afirmaban continuamente, Jeremías recibió muchas de las enseñanzas y teologías que en la actualidad se encuentran en el libro de Deuteronomio. A la vez, este profeta se mantuvo fiel al mensaje de Oseas y demostró sus firmes compromisos con la teología del reino del sur, particularmente las grandes declaraciones en torno a Sión y la ciudad de Jerusalén.

Le tocó ministrar a Jeremías en un momento histórico singular, complejo y significativo. El imperio asirio estaba llegando a su ocaso, y se levantaba poderosa una nueva potencia internacional, Babilonia, que se organizaba interna y militarmente no solo para imponerse de forma decisiva sobre Asiria, sino para sustituirla definitivamente como nación hegemónica en la política internacional del Oriente Medio antiguo. Asiria, que había conquistado Siria y Asia Menor, y había llegado con poder imperial a grandes sectores de Mesopotamia, era sustituida por un nuevo imperio que estaba deseoso por conquistar e imponerse en el mundo antiguo. Los logros del imperio asirio, que llegó a su clímax en el s. VII a. C., cedieron el paso a los avances firmes y decididos de Babilonia, que ya para los años 610-605 a. C. había demostrado en la región su poder militar, autoridad política e intenciones expansionistas.

Esa transición de poderes en el contexto internacional entre el antiguo Imperio asirio y las nuevas propuestas políticas, sociales y militares provenientes de Babilonia produjo el ambiente interno de libertad y sosiego entre las naciones sometidas en la región, particularmente en Jerusalén. Aunque con el tiempo esas naciones en Siria y Palestina, incluyendo Judá, fueron cayendo bajo la órbita militar del nuevo Imperio babilónico, la transición le permitió al rey Josías comenzar una serie importante de reformas religiosas que ciertamente tenían grandes implicaciones políticas y sociales (2 R 22.1-23.27; 2 Cr 34.1-35.19). Ese importante proceso de renovación espiritual, política y social finalizó de forma abrupta por la muerte a destiempo del rey Josías, en la famosa batalla en Meguido contra los ejércitos egipcios liderados por el faraón Necao (2 R 23.24-30; 2 Cr 35.20-27).

Los reyes en Judá que siguieron a Josías, de acuerdo con las narraciones bíblicas, no siguieron sus políticas de transformación nacional y renovación espiritual, y sucumbieron de forma paulatina por la implantación de una serie de impropias políticas administrativas inefectivas, y por la ineptitud e imprudencia de sus consejeros. Y en ese gran contexto de crecimiento y desarrollo del poder imperial babilónico, con sus programas imperialistas, y en medio de una gran desorganización política interna, finalmente el reino de Judá cayó de manera definitiva ante los ejércitos de Nabucodonosor, que en el 587 a. C. conquistó la ciudad de Jerusalén, destruyó el templo, tomó sus tesoros y exilió a los líderes más importantes del pueblo.

En medio de esa vorágine política, histórica y social, Dios llama al joven Jeremías a cumplir una muy importante y delicada tarea profética. Aunque comenzó sus labores bajo la adminis-tración del rey Josías, Jeremías llevó a efecto su ministerio en los reinados de Joacaz (o Salum), Joacim (o Eliaquim), Joaquín (o Jeconías) y Sedequías (o Matanías) (Jer 1.1). Los cambios abruptos y constantes en la monarquía revelan la inestabilidad política y social interna del período.

Las divisiones políticas entre los diversos líderes nacionales, que a su vez representaban las aspiraciones de paz del pueblo, se ponían de relieve con claridad durante ese período. Para un sector del país, al reconocer con sentido de realidad el poder y los avances de la nueva potencia internacional, Judá debía rela-cionarse servilmente con Babilonia como un mal menor. Otro grupo importante del pueblo abogaba con sobriedad y firmeza a favor de la asociación con Egipto para mantener la independen-cia y poner freno al proyecto expansionista de Babilonia. Ambas propuestas representaban un gran desafío espiritual, político y militar para el pueblo.

Jeremías, en medio de este torbellino de pensamientos con-fusos y recomendaciones encontradas, le indicó con firmeza al rey Sedequías que la alianza con Egipto traería consecuencias catastróficas para el pueblo. Lamentablemente, el rey decidió es-cuchar al grupo contrario a Jeremías y solicitó ayuda al faraón Necao. No se percató el monarca de que las fuerzas babilónicas eran superiores a la egipcias, como quedó claramente demostra-do en la batalla de Carquemis, cerca del río Éufrates. Esa alianza con Egipto le permitió a Babilonia regir los destinos de los diver-sos reinos de Siria y Palestina, y mantener a las fuerzas egipcias bajo control.

El joven profeta Jeremías predica en medio de todos esos cambios sociales y políticos abruptos, y en ese período de tran-siciones internas. Y como consecuencia de sus compromisos teológicos y decisiones proféticas, experimentó una serie de su-frimientos personales y angustias internas que incentivaron las reflexiones teológicas que se incluyen en un grupo de pasajes bíblicos del libro que se denominan atinadamente «las confesio-nes de Jeremías» (Jer 11.18-12.6; 15.10-21; 17.14-18; 18.18-23; 20.7-18). Esas llamadas «confesiones» nos permiten entrever, estudiar y comprender las complejas dinámicas emocionales y espirituales de los profetas. Son una especie de confesiones intensas y reflexiones internas que surgen de lo más profundo del alma del profeta.

El libro

El libro de Jeremías es esencialmente una colección de oráculos tanto en poesía como en prosa, que incluye los mensajes del profeta y las revisiones de sus discípulos y colaboradores, entre los que se encuentra su secretario y amigo Baruc. Estos mensajes se presentaron al pueblo en diversos momentos de la carrera profética de Jeremías. Es una obra extensa, con una larga tradición textual.

Como el orden lógico en el libro es difícil de identificar con precisión y las secciones en prosa y poesías están entremezcladas con algunas narraciones biográficas, los estudiosos han dividido el material que se encuentra en el libro en tres partes básicas. El primer grupo de pasajes (conocidos como «Material A») son primordialmente poemas de juicio que provienen directamente del profeta Jeremías (Jer 1.1-25.38 y 46.1-51.64). El segundo grupo de mensajes (conocidos como «Material B») son recuerdos o memorias del profeta que se articulan generalmente en formas biográficas (Jer 26.1-45.5). El «Material C» son oráculos en prosa que han recibido una fuerte influencia de la teología deuteronomista, y se incluyen en diversas secciones del libro (p. ej., Jer 7; 16; 21; 32).

Las formas de comunicación que se incluyen en la obra destacan el uso de las visiones y las parábolas para presentar el mensaje del profeta. Revelan la capacidad literaria del profeta y sus virtudes en la articulación de algunos temas teológicos complejos. Ponen en evidencia el serio compromiso que tenía Jeremías con una transmisión del mensaje de Dios que facilitara su comprensión y aplicación en el pueblo.

- Visiones
  La vara de almendro (Jer 1.11-12)
  Una olla hirviendo (Jer 1.13-19)
  El cinto podrido (Jer 13.1-7)
  Los higos buenos y malos (Jer 24.1-10)
  La copa de ira para las naciones (Jer 25.15-38)
- Parábolas
  La soltería de Jeremías (Jer 16.1-4)
  La señal del alfarero y el barro (Jer 18.1-12)
  La vasija rota (Jer 19.1-20.6)
  La señal de los yugos (Jer 27.1-28.17)
  La compra de la heredad de Hanameel (Jer 32.6-44)
  La señal de las piedras cubiertas de barro (Jer 43.8-13)
  Las palabras escritas en el libro (Jer 51.59-64)

La estructura literaria y temática del libro, puede dividirse en las siguientes secciones básicas:

- Mensajes contra Judá y Jerusalén (Jer 1.1-25.38)
- Relatos autobiográficos y mensajes de salvación
  (Jer 26.1-45.5)
- Oráculos contra las naciones paganas (Jer 46.1-51.64)
- La caída de Jerusalén (Jer 52.1-34)

La comparación entre los manuscritos que se encuentran en la versión griega de la Septuaginta (LXX) y el texto masorético (TM) muestra un orden canónico diferente. En efecto, la LXX presenta una versión más corta (¡con alrededor de 2.800 palabras menos!) y con una disposición que no concuerda con la que se encuentra en los manuscritos hebreos que han servido de base a las traducciones en castellano de la Biblia.

Posiblemente esta diferencia en los manuscritos se debe a que, por las dificultades que rodearon la vida del profeta y sus discípulos, el libro se transmitió en dos formas alternativas. Una extensa, que es el fundamento del texto masorético, y la otra, más breve, del cual se desprende la traducción LXX. Las dos versiones del libro de Jeremías se transmitieron de forma paralela hasta el siglo c. II a. C., como lo demuestran los manuscritos descubiertos en Qumrán, muy cerca del mar Muerto.

Mensajes contra Judá y Jerusalén

La primera sección del libro de Jeremías pone de manifiesto la etapa inicial del ministerio del profeta, e incluye material mayormente poético. Los mensajes se dirigen a los ciudadanos del reino de Judá, y específicamente a los pobladores de su ciudad capital, Jerusalén. El objetivo profético es presentar al pueblo la gravedad y naturaleza adversa de sus pecados, a la vez que les llama al arrepentimiento para evitar las consecuencias adversas de sus acciones.

En primer lugar, la obra presenta la narración del llamamiento de Jeremías (Jer 1.1-19), que en la literatura profética es una especie de demostración de credenciales. Como en otros libros proféticos (p. ej., Is 1.1-3; Os 1.1; Am 1.1; Miq 1.1), se identifica al comenzó mismo de la obra el contexto histórico de los mensajes en relación con los reyes de Judá. Al comparar el llamamiento de Jeremías con el de otros profetas se nota, por ejemplo en este caso, la sencillez y la simplicidad de la narración. El objetivo es afirmar que Jeremías es parte de una importante tradición profética antigua que comienza con el llamado de Moisés y prosigue con el ministerio de otros mensajeros divinos (Ex 3.1-4.17; 1 S 3.1-21; 1 R 19.19-21; Is 6.1-13; Ez 2.1-3.27).

El Señor «conoció» y «santificó» al profeta «antes de que se formara en el vientre de su madre» (Jer 1.5) para cumplir una misión que no solo llegaba al pueblo de Israel, sino que tenía importantes repercusiones entre las naciones, en clara referencia a los pueblos paganos del mundo. No hay objeción posible ante el llamado divino, pues el Señor acompañará al profeta en ese importante proceso de comunicación al pueblo, que en momentos será difícil y complejo (Jer 1.8).

Además, en esta sección el profeta presenta con firmeza los pecados y la maldad del pueblo (Jer 2.1-4.2), seguidos de un clamor intenso a cambiar este tipo de conducta impropia (Jer 4.3-4).

Para el profeta los siguientes pecados tienen particular importancia, pues manifiestan el grado de apostasía, rebeldía y corrupción nacional: la mentira, la violencia, la injusticia y la terquedad. Esos pecados son el resultado directo de las acciones infieles del pueblo, pues abandonaron al Señor para construir cisternas rotas que no contienen agua (véase, p. ej., Jer 2.13, 19,2 7; 3.1; 7.24; 9.3; 11.9-13; 13.10; 16.11-12). En efecto, en la tradición de la literatura deuteronomista, Jeremías identifica la infidelidad como la fuente principal de los pecados del pueblo, que generan a su vez el juicio divino.

Ese es el fundamento teológico de los oráculos del profeta Jeremías, que prevé sin dificultad las consecuencias funestas de los pecados e injusticias del pueblo. Y entre esas manifestaciones de juicio divino se encuentra la destrucción del templo (Jer 7.14), que era el símbolo visible de la presencia divina en la comunidad, además de ser el símbolo indiscutible de su seguridad nacional.

De singular importancia teológica es el mensaje que dio el profeta en el templo de Jerusalén (Jer 7.1-8.3). Es un discurso extenso que manifiesta algunas similitudes teológicas con el libro de Deuteronomio. Esencialmente es un mensaje que denuncia de forma explícita los pecados del pueblo, a quien llama al arrepentimiento y al cambio de actitud. Entre los temas que se destacan están los pecados de idolatría y los abusos religiosos que se cometían en el templo. Las imágenes que utiliza el profeta son reveladoras, pues critica el corazón mismo de la estructura religiosa del pueblo Por ejemplo, en torno al templo, el profeta inquiere: «¿Es cueva de ladrones delante de vuestros ojos esta casa sobre la cual es invocado mi nombre?» (Jer 7.11).

El profeta condena, con la provocadora imagen de «cueva de ladrones», la falsa seguridad que tenía el pueblo en relación al templo. Pensaban que la ciudad y sus ciudadanos serían salvados de las calamidades naturales o bélicas por el solo hecho de tener el templo de Jerusalén en sus terrenos. El análisis del profeta es el siguiente: como los ladrones se refugian en cuevas luego de cometer sus delitos para buscar seguridad, el pueblo usa el templo como escondite para encontrar seguridad, pero, de acuerdo con Jeremías, no la encontrarán pues no son fieles a la revelación divina que el templo simboliza. Jesús utilizó esta misma imagen para referirse a la actitud de los comerciantes que trabajaban en los alrededores del templo, engañando a los adoradores que llegaban a cumplir con sus responsabilidades religiosas (Mt 21.13; Mc 11.17; Lc 19.46).

Jeremías era un profeta con énfasis en el juicio divino, pues su mensaje respondía a las realidades sociales, religiosas, políticas y espirituales de la época. Aunque incluía también algunos mensajes de restauración nacional y esperanza, su propósito fundamental era advertir al pueblo del resultado de ese estilo de vida pecaminoso que generaba el claro rechazo divino. Y ese énfasis en torno al tema de la ira divina en sus mensajes no era muy bien recibido en el pueblo, particularmente luego de la muerte del rey Josías.

Los oráculos de Jeremías eran esencialmente reproches, acusaciones, advertencias y reclamos que la comunidad no veía con buenos ojos. Esa actitud del pueblo fue agravándose con el tiempo, hasta que llegó el momento del rechazo público no solo del mensaje, sino del mensajero (Jer 11.18-19). Para el profeta Jeremías el pueblo estaba tan inmerso en sus acciones injustas y obstinadas, y en sus comportamientos infieles e idolátricos, que le era muy difícil pensar en el arrepentimiento nacional o en alguna acción humana que pudiera propiciar el favor divino. El pueblo, según el profeta, «tenía un corazón falso y rebelde» (Jer 5.23). Las imágenes que utiliza para describir estas actitudes irracionales y testarudas son las siguientes: el pecado de Judá está escrito con cincel de hierro que tiene punta de diamante (Jer 17.1), y de la misma forma que el leopardo no puede cambiar las manchas de la piel, el pueblo de Judá no puede cambiar su forma de ser pecaminosa (Jer 13.23).

Otros mensajes de importancia en esta primera sección del libro incluyen, entre otros, los siguientes: la descripción del juicio divino por la impiedad de Jerusalén y Judá (Jer 5.1-6.30; 15.1-21); las exhortaciones a la conversión (Jer 3.6-4.4; 7.1-20); el rechazo de los dioses falsos y la afirmación del Dios verdadero (Jer 10.1-16); la posibilidad de la salvación y restauración de un remanente o resto del pueblo (Jer 23.1-8); y la denuncia pública de los falsos profetas (Jer 23.9-40).

En medio de esos mensajes que destacan la ira divina y el juicio venidero se incluye un relato en prosa de gran valor teológico: la señal del alfarero y el barro (Jer 18.1-17). De acuerdo con este singular mensaje —que se fundamenta en una experiencia diaria y trivial en el pueblo, el trabajo diario y común de un alfarero—, el profeta afirma que, al igual que el artesano del mensaje trabaja en el barro, Dios modela, forma y transforma al pueblo conforme a su voluntad. Esa actividad divina no se limita al pueblo de Israel, sino que tiene implicaciones y repercusiones internacionales (Jer 18.7-10). En efecto, este mensaje simbólico pone de relieve no solo las virtudes de comunicación del profeta, sino su capacidad creadora y su teología universalista.

Las confesiones de Jeremías

El libro de Jeremías incluye una serie importante de pasajes de naturaleza poética que revelan los sentimientos más hondos y significativos del profeta. Se trata de varias porciones que ponen de relieve las reflexiones más intensas del profeta, especialmente en momentos en que el pueblo y sus líderes rechazaron sus mensajes y recomendaciones. Estos textos, que son como algunos de los cánticos de lamentación en el Salterio (Sal 22; 32; 39; 143), se conocen comúnmente como «las confesiones de Jeremías» (Jer 11.18-12.6; 15.10-21; 17.14-18; 18.18-23; 20.7-18). Constituyen una de las secciones más significativas, intensas, reveladoras, importantes y hermosas de la literatura profética en la Biblia.

El estudio de estos textos nos puede brindar algunas pistas para entender las luchas internas de los profetas, la sinceridad de sus dolores, la seriedad de sus preocupaciones, la profundidad de sus convicciones y la intimidad de sus conversaciones con Dios. Demuestran estos poemas que el profeta era una persona con sentimientos, y que manifestaba sus frustraciones ante el pecado obstinado del pueblo y frente al rechazo irresponsable, continuo y creciente de sus líderes.

Las respuestas divinas a las confesiones del profeta son también intensas, y en momentos desconcertantes: en algunas ocasiones son preguntas retóricas; y, en otras, anuncio de sufrimientos mayores.

Esta sección del libro es de gran significación teológica, pues pone claramente de relieve la importancia del tema del sufrimiento en la vida y el ministerio de los profetas. Son poemas, narraciones y reflexiones íntimas que revelan los sentimientos más profundos de un profeta que también pudieron haberse manifestado en otros profetas y personajes bíblicos. Aunque en Jeremías estas confesiones se articulan de forma autobiográfica, son lamentos, congojas y dolores que pueden surgir en otros profetas o personas con vocación de servicio.

En ningún otro libro en las Escrituras se encuentran expuestos los sentimientos y las reacciones de un profeta ante las reacciones de burla y rechazo de sus interlocutores. De un lado, Jeremías revela la necesidad de comunicar la Palabra divina; y, del otro, se manifiestan las actitudes hostiles e inhóspitas de un auditorio irreverente e irresponsable. Las imágenes que se utilizan para transmitir el mensaje son reveladoras: violación, seducción, violencia, destrucción y terror por todas partes (Jer 20.7-18). En efecto, el propósito es destacar el sentido de urgencia, afirmar la intensidad del dolor, subrayar la naturaleza de la angustia.

La lectura y el análisis de estos poemas revelan detalles íntimos y extraordinarios del profeta: describen cómo el pueblo intentó matarle (Jer 11.18-20; 18.18-20); aluden a cómo quedó en amargura mientras sus enemigos prosperaban (Jer 12.1-6); presentan cómo la comunidad se burlaba del profeta (Jer 20.7); articulan cómo deseaba que el Señor destruyera y eliminara a sus enemigos (Jer 17.18; 18.22-23; 20.12); y revelan cómo pensaba que hasta Dios se había olvidado y lo había traicionado (Jer 10.7).

En efecto, estos pasajes bíblicos revelan que el profeta Jeremías no era un hombre introvertido en su sufrimiento, sino que verbalizó elocuentemente sus dolores y preocupaciones, y ese proceso de diálogo y oración le sirvió de terapia espiritual y emocional para mantener su fidelidad a Dios y para reafirmar su compromiso con la tarea profética. A pesar de la soledad que sentía y las preocupaciones que tenía, el profeta se mantuvo fiel a Dios y a su vocación.

Relatos autobiográficos y mensajes de salvación

La segunda sección del libro presenta el mensaje profético que se articula generalmente en prosa (Jer 26.1-45.5). Se trata de una serie pasajes de naturaleza autobiográfica que presentan varios incidentes en la vida del profeta. Y entre esos relatos se incluyen nuevamente algunos mensajes y varios temas que ya previamente había presentado al pueblo.

En efecto, de acuerdo con estas narraciones, el profeta Jeremías está en claro conflicto con las autoridades religiosas y políticas de la época (Jer 26.1-24). Y en el contexto de estos conflictos y disputas están sus mensajes directos y firmes en contra de los falsos profetas (Jer 27.1-28.17). Estos textos nos permiten comprender las dinámicas y los conflictos que se manifestaban en Jerusalén cuando el profeta predicó su famoso mensaje en el templo (Jer 7.1-8.3)

De singular importancia en esta sección es la descripción de los ataques que sufrió el profeta como resultado de su predicación desafiante y audaz. También se incluyen las formas en que superó todas esas calamidades sin claudicar ni renegar de su vocación y misión profética. Y se revela, además, la importante teología universalista de Jeremías, al afirmar categóricamente que el famoso y temido Nabucodonosor, el rey de Babilonia, es solo un instrumento en las manos divinas para ejecutar la voluntad del Señor (Jer 27.1-22). En ese mensaje, el profeta también afirma que las naciones que no se sometan a la voluntad de los babilónicos recibirían el juicio divino, pues esos enemigos tradicionales de Israel ahora eran instrumentos de Dios para poner de manifiesto la ira divina.

En medio de los mensajes simbólicos del profeta se introduce la figura de un singular profeta, Hananías, que, aunque conocía bien las fórmulas de comunicación proféticas adecuadas en el pueblo, su mensaje no tenía pertinencia ni relevancia, pues no respondía adecuadamente a las necesidades reales de la comunidad (Jer 28.1-17). Hananías representa a los profetas que anuncian paz y prosperidad sin conocer la voluntad de Dios, sin discernir la necesidad del pueblo, sin comprender las implicaciones sociales, políticas, teológicas y espirituales de sus palabras. Esos mensajes de profetas «falsos» lo que traen en el pueblo es desorientación, desasosiego, dificultad y desesperanza.

Para contrarrestar el mensaje desorientador de profetas como Hananías, Jeremías le escribió una carta a los desterrados en Babilonia. El objetivo de la epístola del profeta era orientar a la comunidad de deportados en este momento de grave crisis y desorientación nacional. La finalidad era contrarrestar las falsas esperanzas e ilusiones vagas que habían introducido falsos profetas como Hananías. Según el profeta Jeremías, el exilio sería largo, y para ajustarse bien a las nuevas realidades sociales, emocionales, espirituales y políticas, había que incorporarse en los estilos de vida naturales del exilio. Además, Jeremías exhortó a la comunidad desterrada en Babilonia a procurar el bienestar del país, pues esa prosperidad nacional también les traería a ellos paz (Jer 29.1-32).

En el libro de Jeremías tenemos algunas indicaciones de los procesos de redacción y revisión de los libros proféticos (véase, p. ej., Jer 36.1-4,27-32), en los cuales tomaban parte algunos discípulos, secretarios o ayudantes. En ese contexto de apoyo literario al profeta se introduce la figura de Baruc hijo de Nerías, que colaboró fielmente con Jeremías en la redacción de la revelación divina que recibía y predicaba el profeta. El proceso de redacción fue largo, pues incluía inicialmente los textos poéticos, a los que se le añadieron secciones biográficas, para culminar con los mensajes de juicio y restauración.

En esta sección se incorporan oráculos de gran valor teológico e histórico. Son mensajes de esperanza y restauración que llegan a lo más íntimo de los sentimientos del pueblo. En medio de narraciones que ponen de manifiesto la caída inminente de Jerusalén, aparecen estos poemas que destacan el poder restaurador de Dios. El futuro del pueblo no se fundamenta en la autoridad de sus gobiernos ni en la virtud de sus gobernantes, sino en la manifestación de la misericordia divina y la revelación del amor de Dios.

El ministerio de Jeremías incluyó, junto a sus amonestaciones y reprensiones al pueblo, una serie de importantes de oráculos de restauración y futuro promisorio (p. ej., 3.14-17; 23.3-4; 29.10). En efecto, su palabra no solo estaba al servicio del «arrancar» y «destruir» (Jer 1.10), que implicaba el juicio divino, sino que afirmaba la importancia del «edificar» y «plantar», que eran imágenes de restauración.

Con esas figuras del lenguaje se pone en evidencia el mensaje de esperanza y renovación del profeta. El llamado «Libro de la consolación» (Jer 30.1-33.26) tiene esa importante finalidad. Esta sección teológica del libro del profeta Jeremías aúna algunas secciones poéticas con varias narraciones en prosa a las que se han incorporado las acciones simbólicas. El objetivo de la sección es transmitir el mensaje de esperanza al pueblo.

Y entre esos mensajes de restauración y futuro del profeta se identifica uno que rompió los límites del tiempo para adquirir dimensiones mesiánicas. Cansado de las irresponsabilidades y rebeldías del pueblo, Dios escribirá la ley en el corazón de la gente, ya no en las piedras, como en la época de Moisés. Llegará el día, de acuerdo con el mensaje del profeta Jeremías, en que se establecerá un nuevo pacto con el pueblo que llegará a lo más íntimo y profundo del ser humano. El resultado de ese nuevo pacto es que el Señor será nuevamente el Dios del pueblo, e Israel volverá a ser pueblo de Dios.

Una de las imágenes que comunica el mensaje de restauración nacional es significativa: «Con amor eterno te he amado» (Jer 31.3). Revela las diversas formas en que Dios manifestó su misericordia al pueblo a través de la historia nacional: en primer lugar, por el acto de la elección divina (Dt 7.7-8); mediante los llamados a la conversión y al arrepentimiento (Jer 4.1-4) y el perdón de los pecados e infidelidades (Jer 31.34); y finalmente por su compromiso con la futura restauración del pueblo (Jer 30.10; Os 11.1, 3-4, 8-9).

Esta teología de Jeremías fue la que sirvió de base para el mensaje de Jesús en Jerusalén durante su última semana, justo antes de la crucifixión. En la celebración de la Pascua judía, el Señor tomó este mensaje profético de Jeremías y lo aplicó a su vida y ministerio. De acuerdo con los evangelistas, el Señor inauguró de esta forma un nuevo pacto de Dios con su pueblo mediante su cuerpo y su sangre. Es decir, que la pasión, muerte y resurrección del Señor se convirtieron en la demostración pública del nuevo pacto que Dios establecía con la humanidad a través del sacrificio vicario de Jesús de Nazaret (Mt 26.27-29; Mc 14.23-25; Lc 22.20). Esa misma teología renovadora del nuevo pacto se pone en clara evidencia entre los argumentos teológicos expuestos en la epístola a los Hebreos (Heb 8.7-13).

Oráculos contra las naciones paganas

En la tercera gran sección del libro de Jeremías (Jer 46.1-51.64) se incluye una serie bastante importante de oráculos de juicio contra las naciones vecinas de Judá. El orden de los mensajes sigue generalmente el patrón que se establece con anterioridad en el libro (Jer 25.1-38): Egipto (Jer 46.1-51); Filistea (Jer 47.1-7); Moab (Jer 48.1-47); Amón (Jer 49.1-6); Edom (Jer 49.7-38); y Babilonia (Jer 50.1-51.64). El objetivo es poner en evidencia el poder divino sobre estas naciones, que era una forma de manifestar una vez más la importante teología universalista del profeta: el Señor no solo era el Dios de Judá e Israel, sino de todas las naciones y de toda la creación.

En medio de estos oráculos de juicio y destrucción se incluyen algunas palabras de esperanza y salvación para estas naciones paganas (véase, p. ej., Jer 46.26; 48.47; 49.6, 39); y, finalmente, se añade un himno de alabanzas al Señor (Jer 51.15-19). Aunque el énfasis profético de Jeremías era el reino de Judá, no podía ignorar por completo el futuro de los pueblos vecinos, pues jugaban un papel de gran importancia política y social en relación con la historia nacional, particularmente en referencia a los ciudadanos de Jerusalén. En efecto, el profeta entendía la importancia profética de los pueblos vecinos a la luz de sus relaciones con Judá, que constituía el centro de su preocupación ministerial (Jer 27.1-3).

Las profecías contra Egipto son de gran significación histórica, pues había en Jerusalén un grupo de ciudadanos que favorecía la alianza con esa nación para contrarrestar las políticas expansionistas de Babilonia. Este mensaje consta de dos poemas y una sección en prosa que presentan el juicio divino, pero que culminan en un mensaje de salvación para Judá e Israel (Jer 46.27-28: la destrucción de los enemigos del pueblo era un anuncio de esperanza nacional.

El resto de mensajes de juicio en esta sección están orientados básicamente hacia enemigos tradicionales de Israel y Judá. Filistea, por ejemplo, es objeto de continuos mensajes de juicio de parte de los profetas (Is 14.28-32; Ez 25.15-17; Jl 3.4-8; Am 1.6-8; Sof 2.4-7; Zac 9.5-7). En torno a Edom el resentimiento de Judá e Israel era mayor (Sal 137.7), pues en el fragor de la batalla contra los babilónicos decidieron traicionarlos y ocupar el territorio del sur de Judá, que desde ese momento comenzó a llamarse Idumea.

Finalmente se incluye en estos mensajes de juicio a Babilonia, la potencia invasora, pues, aunque era el instrumento divino para manifestar su ira contra Judá y Jerusalén, había cometido atrocidades contra el pueblo de Dios que no podían pasar desapercibidas ante los ojos del profeta. La agresividad de esta nación se convirtió en símbolo del juicio divino y en signo de maldad y rebeldía ante la voluntad de Dios.

La caída de Jerusalén

El libro de Jeremías concluye con una narración de la caída de Jerusalén (Jer 52.1-34). Este texto, que repite esencialmente con solo algunos cambios menores, es el que se incluye en el libro de los Reyes (2 R 24.18-25.30). El propósito teológico del relato es demostrar la autenticidad del mensaje profético de Jeremías, que veía su cabal cumplimiento en los triunfos de los ejércitos babilónicos. El libro del profeta Jeremías culmina con una afirmación de su ministerio como verdadero, pues sus palabras, mensajes y oráculos se cumplieron en la vida del pueblo (véase Dt 18.21-22).

Entre los temas que se incluyen en esta reflexión teológica de la historia están los siguientes: el reinado de Sedequías, la caída de la ciudad de Jerusalén, la experiencia de la cautividad de los ciudadanos de Judá y la posterior liberación del rey Joaquín en

Babilonia. Es una narración que no solo demuestra el castigo divino al pueblo como producto de sus infidelidades y rebeldías ante la ley de Moisés y el mensaje de los profetas, sino que incluye el importante elemento de esperanza.

La liberación del rey en el exilio era un criterio de esperanza y restauración de gran importancia, pues generaba la posibilidad del restablecimiento de la dinastía de David, que era una creencia teológica fundamental del pueblo. No culmina el libro de Jeremías con el pesimismo de la derrota y la destrucción nacional, sino con un aire de restauración, con la posibilidad de renovación, con un claro signo de liberación y redención. En efecto, la palabra final del profeta al pueblo es que aún en medio del gran Imperio babilónico Dios tiene el poder y el deseo de manifestar su misericordia al pueblo.

4

❀ Libro del profeta Ezequiel

*La mano del Señor vino sobre mí, y su Espíritu me
llevó y me colocó en medio de un valle
que estaba lleno de huesos. Me hizo pasearme entre
ellos, y pude observar que había muchísimos huesos
en el valle, huesos que estaban completamente
secos. Y me dijo: «Hijo de hombre, ¿podrán
revivir estos huesos?». Y yo le contesté: «Señor
omnipotente, tú lo sabes».*

Ezequiel 37.1-3 (NVI)

El mensaje

La lectura sobria del libro de Ezequiel pone claramente de manifiesto la preocupación fundamental y básica del profeta: infundir esperanzas a un pueblo que ha sido gravemente herido por una serie extensa e intensa de calamidades nefastas y acontecimientos adversos. Ezequiel es esencialmente un predicador de esperanza y restauración que debe articular, con creatividad y esmero, su mensaje redentor en medio de una serie compleja de eventos nacionales e internacionales. No se intimidó el profeta ante los profundos cambios sociales, económicos, políticos y religiosos a los que estaba expuesto, pues fundamentó su mensaje en la seguridad de que había sido llamado por Dios.

Las calamidades a las que Ezequiel responde como embajador del mensaje divino se relacionan principalmente con la derrota militar del pueblo judío ante los ejércitos de Babilonia y las dificultades asociadas a ese tipo de descalabro político y militar. Esa crisis mayor de pérdida tuvo en el pueblo graves consecuencias sociales, económicas, políticas, religiosas y espirituales. Y, en medio de esas dinámicas de dolor, resentimientos, angustias, desesperanza y desolación, se levantó el profeta Ezequiel, que provenía de una familia sacerdotal, para articular con esmero, autoridad y valor el mensaje divino.

Sin embargo, es importante notar, al estudiar cuidadosamente la obra de Ezequiel, que el profeta no culpa por la crisis nacional solo al espíritu imperialista y expansionista de algunas potencias extranjeras (p. ej., Asiria, Babilonia o Egipto); ni relaciona las calamidades del pueblo únicamente con las actitudes beligerantes y de agresividad económica de varias naciones (p. ej., Tiro y Sidón); ni tampoco asocia las adversidades de Judá solamente con la sumisión política y económica de varias naciones vecinas (p. ej., Amón, Edom y Moab); inclusive, el libro no atribuye la responsabilidad primordial de la derrota a las dificultades éticas, morales y administrativas de los líderes nacionales y gobernantes de turno. Para Ezequiel, las realidades y el futuro del pueblo dependen de su compromiso con los valores morales, las virtudes éticas y los principios espirituales que se relacionan con la revelación divina. El porvenir de la nación, de acuerdo con este singular profeta, está íntimamente ligado a la fidelidad del pueblo al pacto o alianza que se pone de relieve con libertad en la Torá.

Ese importante y restaurador mensaje de esperanza, que revela la gran curiosidad espiritual y la extraordinaria creatividad teológica de Ezequiel, se relaciona íntimamente con el concepto de Dios que se articula y que se presupone en las manifestaciones divinas al profeta. Desde la visión inicial del libro hasta las descripciones espectaculares del templo restaurado en el futuro se afirma la grandeza divina y se enfatiza el señorío del Señor, aun en medio de las dificultades militares y las deportaciones. Para Ezequiel, las virtudes divinas no disminuyeron en el fragor de la batalla, ni se aminoró el poder divino al reconocer la derrota militar. Aunque el templo fue destruido, la ciudad arrasada, las arcas saqueadas y el liderato nacional disperso, para el profeta Dios sigue siendo Dios. Y esa gran afirmación teológica es el fundamento básico e indispensable de la esperanza profética: el Dios que ha estado con el pueblo a través de su historia, desde los momentos iniciales y extraordinarios de la creación, está presente una vez más en el exilio babilónico para demostrar nuevamente su poder salvador, restaurador y transformador.

Ezequiel el profeta

El profeta Ezequiel, cuyo nombre significa «Dios fortalece» o «Dios es fuerte», es identificado en el libro como el hijo de

Buzi (Ez 1.3). Esa sencilla referencia bíblica relaciona al profeta directamente con el sacerdocio sadoquita, cuya influencia óptima en el pueblo se hizo patente en el período de las reformas de Josías (621 a. C.). Entrenado en las importantes e históricas tradiciones sacerdotales durante el reinado de Joaquín, Ezequiel fue deportado a Babilonia en el año 597 a. C., donde se estableció en la antigua ciudad de Tel Aviv junto a otros deportados, en las riberas del río Quebar, muy cerca de Nipur (Ez 1.1).

Ezequiel formó parte de un grupo de unos 8.000 deportados que fueron llevados por Nabucodonosor a Babilonia tras el sitio, la caída y la conquista de la ciudad de Jerusalén (2 R 24.16). Y, de acuerdo con una leyenda de muy poco fundamento y valor histórico, la tumba del profeta se encuentra presumiblemente en la ciudad de Hilla, en el centro de la actual Iraq.

Su ministerio profético coincidió por un breve período con el de Jeremías. Ambos líderes del pueblo presentaron con autoridad y sabiduría la palabra divina y el mensaje restaurador al pueblo en un momento histórico de grandes desafíos políticos, sociales, económicos, religiosos y espirituales. Al igual que Jeremías, el profeta Ezequiel se opuso tenaz y firmemente a los planes de Sedecías de derrocar el gobierno babilónico invasor.

De acuerdo con el testimonio bíblico, el llamado divino al profeta llegó durante el quinto año del reinado de Joaquín (c. 593 a. C.), mientras se encontraba entre los exiliados de Judá que estaban en Babilonia. Y, como la fecha de intervención profética más antigua que se incluye en el libro (Ez 29.17) corresponde posiblemente al año 571 a. C., podemos indicar con algún nivel de certeza que el ministerio de Ezequiel se extendió durante un poco más de veinte años. La muerte de su esposa se produce el día que comenzó el sitio de los ejércitos babilónicos a la ciudad de Jerusalén (587 a. C.; véase Ez 24.15-17). No sabemos con seguridad la edad precisa del profeta al comienzo de su ministerio.

Ezequiel se opuso intensamente a las aspiraciones políticas y a los programas sociales y de restauración de la clase gobernante en Jerusalén, luego del exilio. En su lugar, sin embargo, propuso una visión más teológica y espiritual del pueblo de Israel como una comunidad de fe y esperanza que se fundamenta en la observancia de las tradiciones religiosas del pueblo y en la obediencia y fidelidad al Señor. Su acercamiento ministerial al futuro restaurado de la comunidad judía superaba las dinámicas inmediatas de dependencia o independencia política y militar de Babilonia. La fuerza principal que guiaba el ministerio de este particular profeta era su profunda fe y confianza en el Señor, y también las implicaciones sociales, económicas y políticas de esas convicciones religiosas y espirituales.

Por mucho tiempo, algunos especialistas y estudiosos de la obra literaria de Ezequiel han manifestado ciertas preocupaciones en torno a la salud mental y el equilibrio psicológico del profeta. De particular importancia en este tipo de evaluación crítica están las visiones, el simbolismo y algunos de los mensajes que se incluyen en el libro, y también una serie de acciones extrañas que pueden interpretarse, en primera instancia, como carentes de sentido o, inclusive, como demostraciones claras de fragilidad emocional.

No es una buena metodología, sin embargo, fundamentar un análisis psicológico tan complejo e importante en documentos de más de 2.500 años, de los cuales no sabemos con claridad meridiana las contribuciones específicas del profeta en los procesos de redacción y edición final. En efecto, el libro de Ezequiel, en la forma canónica que ha llegado a nosotros, es el resultado de un proceso complejo y largo de ediciones de los mensajes iniciales del profeta junto a la incorporación de palabras y oráculos de revisores y editores posteriores.

De acuerdo con los análisis exegéticos, lingüísticos y teológicos recientes, que ciertamente pueden ser más sobrios y sosegados de la obra de Ezequiel, las supuestas «aberraciones psicopatológicas» del profeta son realmente revelaciones y mensajes que se fundamentan en formas antiguas de comunicación profética. El profeta trata de comunicar lo inefable, sublime y extraordinario de la revelación divina. ¡Y ante la grandeza de Dios las palabras humanas faltan!

En torno a este importante asunto literario y emocional se puede indicar, además, solo como ejemplo, que las expresiones y alusiones a «la mano del Señor» o «el espíritu del Señor» están relacionadas con el ministerio de profetas preclásicos como Elías y Eliseo. Lo mismo puede indicarse del uso de la simbología en la presentación de su mensaje profético: son fórmulas de comunicación religiosa que se utilizaban con cierta regularidad en la antigüedad, no son signos de insanidad mental ni demostraciones de patologías emocionales. Ezequiel era un predicador creativo que comunicó su mensaje utilizando las expresiones conocidas de comunicación profética y sacerdotal tradicionales del pueblo de Israel.

Un aspecto de fundamental importancia literaria, teológica y psicológica en el análisis de la obra de Ezequiel es el uso reiterativo del pronombre «yo», en el cual se unen y confunden la voz divina y la expresión del profeta. Ese interesante estilo literario pone en clara evidencia y subraya con prontitud la importancia de la palabra del Señor en el ministerio del profeta. Esa particular fórmula de comunicación pone de manifiesto la intimidad entre el predicador exiliado y su Dios. Esa forma específica de articular el mensaje es una manera elocuente de indicar que la palabra divina inundó completamente al profeta a tal grado que la voz del Señor se funde y confunde con la predicación profética. La unión del «yo» divino con el «yo» humano pone de relieve la firme continuidad teológica entre la voluntad divina y la comunicación del mensaje profético de Ezequiel.

Influencias de otros libros de la Biblia en Ezequiel

La lectura de la obra de Ezequiel revela que poseía una gran afinidad teológica con otro importante líder religioso de la época: el profeta Jeremías. Esa particular relación temática y literaria se manifiesta con claridad al estudiar cuidadosamente las importantes narraciones biográficas y autobiográficas en el libro del profeta de Anatot, redactadas principalmente en prosa (Jer 21.1-45.5).

Esa continuidad teológica y espiritual entre estos dos profetas (véase Jer 1.1-20.18) se pone de relieve con claridad en la elaboración de los siguientes temas: la caracterización de las comunidades de Judá e Israel como hermanas (Ez 3.6-11); el llamado al profeta a resistir las adversidades como muralla fortificada (Ez 1.18); el rechazo absoluto de la profecía falsa y engañosa (Ez 14.14); y, específicamente, el llamado divino a no tener un duelo público ante la muerte de un ser querido (Ez 3.8; 12.24; 16.1-43; 24.16).

Inclusive, la relación entre estos paladines de la fe bíblica se revela aún más claramente en la elaboración del tema de la responsabilidad personal de los individuos ante Dios (Jer 31.29-30 y Ez 18.2; ¡ambos profetas citan el mismo proverbio!) y también en la importante elaboración de la teología de la gracia donde se indica que Dios desea restaurar el pacto con el pueblo de una forma nueva y extraordinaria (Jer 31.31-34 y Ez 36.26). Algunos estudiosos piensan que es probable que Ezequiel estuviera familiarizado con varios de los mensajes de Jeremías.

La relación de Ezequiel con otras secciones de las Escrituras no puede subestimarse o ignorarse, particularmente la continuidad teológica con el llamado «código de santidad» (Lv 17.1-26.46). Los académicos que estudian este importante documento sacerdotal lo ubican generalmente en la época inmediatamente anterior al exilio en Babilonia, basados en que el vocabulario utilizado en el famoso código es muy similar al que se manifiesta en las profecías de Ezequiel. Además, muchas de las leyes y los estatutos que el profeta cita, o a los cuales alude, se encuentran en esa sección del libro de Levítico, específicamente las referencias a las bendiciones y las maldiciones (Lv 26.1-46).

El libro de Ezequiel

La lectura sobria y sistemática del libro de Ezequiel plantea una serie particular de problemas y dificultades que no se manifiestan en el resto de la literatura profética. La abundancia de géneros literarios, los diversos estilos de comunicación y la abundancia en el uso de imágenes poéticas no solo revelan gran imaginación literaria y creatividad profética, sino que presentan a la persona que lee y estudia el mensaje de Ezequiel un desafío formidable.

En efecto, junto a los oráculos proféticos se unen fórmulas jurídicas, tanto en poesía como en prosa, y se incorporan también descripciones históricas específicas, alusiones a las ideas y la imaginación del mundo antiguo, y, además, se articulan evaluaciones políticas y religiosas sobrias, a la par que se presentan visiones fantásticas y extraordinarias de la vida, llenas de dramatismo y acción.

La fusión de todos esos géneros, estilos e imágenes hace que la obra del profeta Ezequiel genere gran dificultad interpretativa y le presente a las personas que estudian e interpretan su mensaje un reto extraordinario de actualización y contextualización del mensaje. Y aunque la organización, el orden y la estructura temática del libro no presentan dificultades mayores, las complejidades literarias y la densidad teológica identifican un libro único entre los proféticos de la Biblia.

En el orden canónico tradicional, tanto judío como cristiano, el libro de Ezequiel ocupa el tercer lugar en la sección de los profetas, luego de Isaías y Jeremías, que son los grandes profetas escritores de la Biblia, y previo al libro de Daniel y los doce, también conocidos como los profetas menores. Ese arreglo se relaciona con la familia de manuscritos hebreos relacionados con la familia de Ben Asher (p. ej., los códices de Leningrado y Alepo).

Este arreglo, que posiblemente tiene un fundamento cronológico, no es la única posibilidad canónica, pues el Talmud alude a una ordenación más antigua en la cual Jeremías es el primero, seguido por Ezequiel y al final Isaías. La base de este arreglo alternativo de los libros proféticos es posiblemente teológico: Jeremías comienza con el juicio; Ezequiel es mitad juicio (Ez 1.1-24.27) y mitad esperanza (Ez 25.1-48.35); e Isaías después, que destaca finalmente los temas de la consolación y la esperanza.

La siguiente estructura literaria pone de manifiesto las grandes secciones temáticas del libro:

- Oráculos de Juicio (1.1-24.27)
- Oráculos contra las naciones extranjeras (25.1-32.32)
- Oráculos de restauración (33.1-39.29)
- El nuevo templo y el culto nuevo (40.1-48.35)

Este orden temático tan particular y bien definido, y esta estructura literaria en el libro del profeta Ezequiel, revelan una muy clara intención del autor y de los redactores finales de la obra. Posiblemente, Ezequiel debe ser considerado como un profeta de transición, pues mueve la profecía bíblica de los antiguos modelos clásicos de comunicación a un nuevo nivel que incorpora las tradiciones y estilos sacerdotales. Al profeta le tocó vivir un período político, unas dinámicas sociales, unas vivencias religiosas y un momento histórico complejos. Experimentó el desgaste paulatino del reino del sur, la crisis de la guerra en Jerusalén y la desolación en los campos de refugiados en Babilonia.

Una característica singular del libro de Ezequiel es que el profeta recibe sistemáticamente la palabra divina sin que casi nunca se le indique que debe comunicarla o anunciarla (aunque ese acto de transmisión oral o simbólica debe presuponerse en la mejor de las tradiciones proféticas). De esta forma, el libro privilegia la palabra divina que el profeta recibe, y no enfatiza la transmisión o comunicación de ese mensaje del Señor. Esta peculiaridad teológica y literaria puede muy bien relacionarse con la mudez continua o esporádica del profeta (Ez 3.26), de la cual el libro indica que solo terminó posteriormente de manera oficial (Ez 33.22).

Ezequiel profetizó en un período lleno de cambios intensos y transiciones rápidas, que requirieron que la comunicación del mensaje profético se ajustara a las nuevas realidades y necesidades nacionales. Por esa razón este libro profético rompe con los patrones tradicionales de comunicación de la profecía bíblica: unas nuevas realidades sociopolíticas en el pueblo demandaban nuevas formas de comunicación proféticas. Se aleja Ezequiel de varias fórmulas de comunicación proféticas antiguas para incorporar estilos que fomentaran el retorno a la voluntad de Dios e incentivaran las prácticas de la fe mediante la celebración del culto renovado y a través de la observancia de la ley y la fidelidad a Dios. Quizá estas sean las bases más importantes para identificar al profeta Ezequiel como el padre del judaísmo moderno.

El proceso de redacción y edición final de esta importante obra teológica fue paulatino, como el resto de la literatura profética en la Biblia. Sin embargo, se puede indicar que la obra tomó gran parte de su forma final en el período exílico, y que las revisiones posteriores fueron mínimas y esporádicas. La gran mayoría de los oráculos que se incluyen en el libro se pueden relacionar directa o indirectamente con el mensaje de Ezequiel.

Hay una diferencia de gran importancia entre la audiencia original de los mensajes de Ezequiel al comenzar su labor profética y quienes leyeron estos oráculos por primera vez. Al comienzo de su labor el profeta hablaba del mal que iba a suceder, del futuro doloroso que les esperaba, de la destrucción que se avecinaba, de la crisis que se cernía sobre los ciudadanos de Judá y Jerusalén.

Quienes leyeron por primera vez el mensaje profético, luego de los procesos de redacción, eran conscientes ya de la caída de la ciudad y de las consecuencias nefastas de las políticas oficiales de los reyes en Jerusalén. La primera parte de los mensajes de Ezequiel eran predictivos; con el tiempo, sin embargo, cuando sus palabras se cumplieron, el mensaje se tornó más esperanzador y restaurador.

Es probable que en el proceso de redacción final del libro de Ezequiel participaran algunos de los discípulos del profeta. Sabemos de la existencia de esos grupo de seguidores o «estudiantes» por las referencias que tenemos de ellos en los casos específicos de Elías y Eliseo, Isaías y Jeremías (véase, p. ej., 2 R 2.3; 6.1; Is 8.16; Jer 36.4). Estos grupos de discípulos de profetas preservaban los mensajes de sus líderes, pero también los revisaban, interpretaban y actualizaban. Inclusive, en ocasiones, se sentían en la libertad de añadir palabras a las que recibieron de sus maestros, para enfatizar algún aspecto del oráculo o sencillamente para aplicarlo a una nueva realidad y desafío histórico.

De singular importancia en el estudio del libro de Ezequiel es el análisis y la descripción de los diversos géneros literarios que se incluyen en la presentación del mensaje profético. Se pueden identificar con precisión los siguientes, entre otros: visiones (Ez 1.1-3.27; 9.1-10.22; 37.1-14); gestos o simbología profética (Ez 4.1-5.17; 12.1-28); análisis teológicos y éticos que se fundamentan en alguna palabra divina (Ez 12.1-28; 13.1-23; 14.1-23; 18.1-32; 20.1-44; 33.1-33; 36.1-38); uso de parábolas, alegorías y metáforas para la comunicación del mensaje divino (Ez 15.1-8; 17.1-24; 19.1-14; 31.1-32.31); uso del recurso de las visiones de claro contenido y estilo apocalíptico (Ez 9.1-11; 38.1-39.29);

e incorporación de leyes sacerdotales en la presentación de las visiones y el mensaje divino (Ez 40.1-48.35).

Por la serie continua de peculiaridades literarias y teológicas, el libro de Ezequiel puede asociarse con la literatura apocalíptica. Y entre las características que acercan al profeta a los visionarios apocalípticos pueden identificarse las siguientes: la presentación de la historia en períodos definidos con bastante precisión; la identificación y relación de fechas concretas con los oráculos, que toman como base la deportación del año 597 a. C.; el reconocimiento de la autoridad del texto; el estilo literario repetitivo y reiterativo del profeta; los relatos de revelaciones mediante el recurso literario de las visiones; la aparición de un «interprete» de las visiones, junto al profeta; la presencia de figuras angelicales (p. ej., «seres vivientes» o «querubines»); la ausencia de alusiones a personajes históricos conocidos; y el deseo de identificar los tiempos finales de la historia.

El texto hebreo masorético del libro de Ezequiel, en general, no presenta un número muy elevado de dificultades textuales o lecturas complicadas. Una serie de pasaje que contienen las llamadas redundancias o repeticiones son más bien manifestaciones del estilo del profeta que problemas de copistas o complejidades en la transmisión de los manuscritos. Y, en la superación de las dificultades textuales de la obra en hebreo, en ocasiones la versión griega de los Setenta (LXX) no ayuda mucho, pues no es homogénea y presenta problemas de coherencia temática y algunas dificultades de contenido.

Contexto histórico

Al profeta Ezequiel le tocó ejercer su ministerio en un momento histórico extremadamente complejo. Era una época de cambios nacionales e internacionales; un período de invasiones y conquistas; un momento de transformaciones intensas y desafíos formidables. El Oriente Medio antiguo, particularmente la región palestina, estaba en la mira de varias potencias internacionales, por su importancia geopolítica y su valor económico. Ezequiel profetizó al pueblo en medio de un mundo cambiante, agresivo y militarista. Y en ese particular entorno político, social, histórico y espiritual, el profeta levantó su voz de autoridad y compromiso.

Un detalle literario de gran importancia histórica y teológica en el libro de Ezequiel, que no es frecuente en otra literatura bíblica, es que incluye una serie de referencias históricas precisas. Esas fechas son importantes, pues le brindan a la persona que lee o estudia ese mensaje con profundidad una orientación general en torno a la cronología de los oráculos proféticos. La identificación clara y el análisis sobrio de esas fechas son fundamentales en el proceso de comprensión y actualización del mensaje de Ezequiel: facilita el análisis exegético al permitir ubicar el mensaje profético en un entorno histórico bastante definido y preciso.

La siguiente tabla identifica las fechas a las que alude el mensaje de Ezequiel:

Referencia en Ezequiel	Año	Mes	Día	Fecha
1.1	30	4	5	julio 593
1.2	5	-	5	junio - julio 593
3.16	5	-	12	junio - julio 593
8.1	6	6	5	agosto - septiembre 592
20.1	7	5	10	julio - agosto 591
24.1	9	10	10	enero 588
26.1	11	-	1	marzo 587 - marzo 586
29.1	10	10	12	enero 587
29.17	27	1	1	marzo - abril 571*
30.20	11	1	7	marzo - abril 587
31.1	11	3	1	mayo - junio 587
32.1	12	12	1	febrero - marzo 585
32.17	12	12	15	febrero - marzo 585
33.21	12	10	5	diciembre 586 - enero 585*
41.1	25	1	10	marzo - abril 573

Las fechas identificadas con el asterisco (*) están fuera del orden cronológico, pues el contexto temático del mensaje las ubicó mejor en esos lugares específicos. La importancia de estas referencias no puede subestimarse, pues nos permite relacionar el mensaje profético con eventos nacionales e internacionales de los cuales tenemos noticias e informaciones no solo por las narraciones bíblicas, sino a través del estudio de los hallazgos arqueológicos en Egipto, Israel, Palestina y Babilonia.

El año 612 fue muy importante en la historia de Oriente Medio, particularmente en las regiones palestinas. Ese fue el año en que el Imperio asirio cayó finalmente en manos de los babilónicos y los medas. Y ese acontecimiento político y militar tuvo repercusiones de gran importancia en la antigüedad. En la nueva configuración geopolítica, Egipto, que trató de apoyar a Asiria en su empeño de detener los avances militares de Babilonia, quedó muy frágil ante el nuevo imperio que se organizaba. Y, en el proceso, el rey de Judá, Josías, muere en Meguido; y su hijo, heredero al trono, es deportado como prisionero de guerra a Egipto, que puso como nuevo gobernante a Joaquín.

Cuando Nabucodonosor llega al trono de Babilonia en el 605, se convirtió rápidamente en el señor de la región, pues dejó ver claramente y con firmeza sus intenciones expansionistas e imperialistas. Egipto continuó su campaña internacional contra los avances militares, la hegemonía política y los planes bélicos de Babilonia, hasta que en el 601 Joaquín interpreta los continuos conflictos entre Egipto y Babilonia como una debilidad del nuevo imperio y se niega a pagar tributos a Nabucodonosor. Esa decisión del rey de Judá preparó el camino para una de las épocas más funestas y críticas en la historia del pueblo de Israel: el exilio en Babilonia.

Las respuestas del Imperio babilónico a las aspiraciones independentistas de Judá no se hicieron esperar, pues los ejércitos del gran Nabucodonosor llegaron a la región con intenciones de conquista y destrucción. Ya en el año 598 los ejércitos sitian la ciudad de Jerusalén y el rey Joaquín muere en medio del asedio. Su hijo Jeconías le sucede, pero no puede detener las fuerzas bélicas del imperio y finalmente decide rendirse.

La rendición de Judá trajo consigo la deportación en masa de miles y miles de ciudadanos judíos. Los ejércitos babilónicos mudaron particularmente a las personas que sostenían el liderato de la infraestructura política, económica, religiosa y militar del pueblo, entre los que se encontraba el profeta Ezequiel. Un nuevo rey títere se instala en Jerusalén para representar adecuadamente los intereses babilónicos: Sedecías.

El resultado concreto de las iniciativas de Judá fue que la comunidad quedó dividida en dos sectores poblacionales de gran importancia: en primer lugar, la comunidad que experimentó la derrota militar y permaneció en Jerusalén y Judá; en segundo lugar, el grupo de deportados, que unido al dolor de la derrota experimentaban las angustias de un exilio político y militar inmisericorde. El profeta Jeremías se encuentra entre los que permanecieron en Jerusalén, y Ezequiel es parte del grupo de deportados a Babilonia. A ambos grupos les unía la añoranza de un pronto retorno de los exiliados de Judá, y también la esperanza de una restauración nacional.

Referente a la vida de los exiliados en Babilonia no tenemos mucha información. Aunque gozaban de cierta libertad de movimientos y acción de acuerdo con las narraciones bíblicas, la persona que analiza y evalúa el mensaje de Ezequiel no debe ignorar la razón fundamental del exilio y la deportación: una derrota militar, una conquista política, una subyugación imperialista. Y en ese ambiente mayor de cautiverio, deportación, destrucción y agonía, Ezequiel jugó un papel protagónico en los procesos de soñar el futuro y reorganizar al pueblo para la reconstrucción de la ciudad y la restauración nacional.

La teología de Ezequiel respondió a las dificultades concretas del pueblo, y actualizó los antiguos mensajes proféticos a las nuevas realidades históricas que afectaban adversamente al pueblo. Su mensaje creativo y sabio tomó los grandes temas de la teología de sus predecesores y los transformó en palabra divina que ayudaba al pueblo a vivir las angustias del exilio con sentido de esperanza y resurrección nacional.

La teología del libro

Desde la perspectiva teológica, Ezequiel es fiel a las tradiciones básicas del resto de los profetas de Israel. El fundamento de su mensaje es la firme y clara convicción de que Dios aborrece y rechaza la desobediencia humana, tanto individual como colectiva, y que castiga severamente la infidelidad al pacto o alianza (véase, p. ej., Is 10.1-34; Jer 4.1-6.30; Ez 17.1-24). El Dios de Ezequiel, de acuerdo con el mensaje que se expone en su libro, presenta y destaca la fidelidad y la lealtad como prioridades teológicas que tienen implicaciones políticas y sociales.

En esa misma vena religiosa, el profeta Ezequiel presenta el juicio divino por las reiteradas violaciones del pacto de parte del pueblo, utilizando la terminología familiar e íntima del adulterio y la prostitución (Os 2.1-23; Jer 2.1-3.5; Ez 16.23). El uso de ese particular lenguaje pone claramente de manifiesto la gravedad del asunto ante los ojos de Dios, que a última instancia es quien se siente herido, humillado, rechazado, angustiado y ofendido por esas acciones impropias y adversas de infidelidad y rechazo del pueblo y sus líderes.

Como Jeremías, el profeta Ezequiel está comprometido con el mensaje que destaca la importancia de la fidelidad interior al pacto, en contraposición a las respuestas militares al Imperio babilónico que estaban fundamentadas en la arrogancia y el orgullo nacional. La base indispensable de la liberación verdadera para el profeta exiliado no era la prepotencia individual y la arrogancia nacional, sino la obediencia y la fidelidad a la palabra divina. De acuerdo con estos profetas, Babilonia no es otra cosa que un instrumento divino para la educación y corrección del pueblo (Jer 29.1-32; Ez 4.1-5.17; 21.1-32). Según estas perspectivas teológicas, el gran Imperio babilónico, lejos de ser un agente independiente en el tablero político y militar de Oriente Medio, era sencillamente un agente que cumplía y ejecutaba la voluntad divina en la sociedad. Ante los ojos críticos de los profetas, el gran Imperio babilónico era un mero instrumento divino.

En la articulación del mensaje se pueden identificar en Ezequiel, por lo menos, cinco vectores teológicos de importancia

capital que merecen ser identificados y estudiados con sobriedad. El análisis sistemático de estas ideas y conceptos puede
darnos pistas en torno a las prioridades temáticas y los proyectos transformadores del profeta. No estaba interesado Ezequiel
en entretener al pueblo con palabras superficiales que nos les
ayudaran a superar la crisis en la cual estaban inmersos. La
palabra del profeta tenía una muy clara y segura finalidad transformadora y redentora.

El señorío de Dios

La fuerza básica que guía y orienta el mensaje profético de
Ezequiel está íntimamente relacionada con la idea del señorío
divino. Para el profeta, Dios está presente en medio de todas
las realidades y los desafíos del pueblo. Esa presencia divina,
según el profeta, no solo se manifiesta en medio de los cultos
y las celebraciones religiosas y espirituales del pueblo, sino
que se hace realidad en medio de las cambiantes dinámicas
políticas y militares que tenían un muy serio y nefasto efecto
de muerte y destrucción.

Dios tiene el deseo y la capacidad de intervenir en la vida
del pueblo para poner claramente en evidencia su capacidad de
castigo y juicio, y también su poder restaurador y consolador.
¡El Señor toma muy en serio las acciones humanas individuales
y colectivas! El castigo divino no es la reacción inmediata a una
falta superficial. Según el profeta Ezequiel, las manifestaciones
del juicio divino son revelaciones claras y seguras de su compromiso salvador y su poder restaurador. No se olvida nunca el Señor de sus promesas al pueblo, que incluyen las manifestaciones
extraordinarias de su amor, perdón y restauración.

En la comunicación del mensaje profético, Ezequiel enfatiza un componente indispensable de la naturaleza divina que
no debe nunca obviarse o subestimarse. Aun en medio de los
grandes cataclismos y juicios de la vida, Dios siempre mantiene su ternura, fidelidad y amor. Inclusive, cuando todo parece
que estaba perdido y sin remedio —idea que se expresa con el

lenguaje de muerte y destrucción de un valle lleno de huesos secos y dispersos (Ez 37.1-14)—, no pierde el profeta la oportunidad de presentar y subrayar esa magnífica y extraordinaria capacidad divina de impartir vida y de generar un movimiento restaurador de resurrección nacional. Cuando parece que todo se ha acabado, Ezequiel tiene la capacidad, el compromiso y la virtud de elaborar y presentar un mensaje de esperanza que produce en el pueblo oyente un sentido nuevo de futuro y renovación (Ez 47.1-12).

La santidad divina

El tema de la santidad de Dios no puede estar ausente en la teología de Ezequiel, dado su trasfondo y educación sacerdotal. En efecto, la santidad como valor espiritual y virtud moral se revela con fuerza en el pensamiento religioso y en los mensajes del profeta, pues pone de relieve la esencia divina, manifiesta el corazón de la teología profética, presenta el centro mismo del universo filosófico y teológico de Ezequiel.

Este importante concepto de la santidad divina pone rápidamente de manifiesto las diferencias entre la naturaleza divina y la humana, y revela las distancias entre las acciones humanas y la voluntad del Señor. Inclusive, en la comunicación y los diálogos que se presentan en el libro entre el profeta y Dios hay un elemento lingüístico distintivo que subraya y presenta esa fundamental diferencia entre las esferas divinas y las humanas: Dios llama al profeta «hijo del hombre». En los mementos e instantes de conversación más importantes e íntimos se pone de relieve con claridad la mortalidad y fragilidad humana en contraposición a la eternidad y fortaleza divinas. Ese particular contraste enfatiza la naturaleza santa y eterna de Dios y revela, a la vez, la fragilidad y pequeñez humana.

No es posible para el profeta Ezequiel percibir ni comprender adecuadamente la extensión y profundidad de la santidad divina. En la extraordinaria visión inicial (Ez 1.26), donde se presenta el famoso «carro celestial», el profeta solo puede ver «algo que se le parece», que «era semejante», que «tenía un aspecto», pero no puede ver con claridad y nitidez a Dios. Las evasivas son claras y evidentes: ¡el profeta no puede ver a Dios y vivir! Y esa es una comprensión sacerdotal de la naturaleza de Dios fundamental y muy importante, pues la santidad divina contiene la naturaleza más íntima y extraordinaria del Señor.

Esa comprensión tan sacerdotal y profunda de la santidad divina le impide al profeta Ezequiel utilizar el sustantivo «santo» para dirigirse directamente a Dios. Con gran capacidad teológica y literaria el profeta, más bien, se refiere a la santidad del «nombre de Dios» (p. ej., Ez 20.39; 36.20; 43.7), que es una manera solapada y sutil de aludir a la santidad divina sin correr el riesgo de utilizar el nombre del Señor en vano, que era un mandamiento de gran importancia en los círculos sacerdotales.

El nombre en el mundo bíblico era la identificación más profunda y clara de una persona. Era una especie de descripción de su esencia más profunda e importante. Quien conocía el nombre, se pensaba, tenía poder sobre lo nombrado. En este caso, el nombre divino manifiesta su esencia santa y justa, revela su naturaleza misericordiosa y amorosa, contiene sus virtudes liberadoras y sanadoras, y destaca su poder de perdón y salvación. Y, como el pueblo de Israel «conoce» el nombre del Señor, debe bendecirlo con su fidelidad y obediencia.

Reclamos éticos y cúlticos

Uno de los grandes temas proféticos es el rechazo vehemente al culto y la liturgia en el templo que no manifiesta implicaciones éticas en las personas que adoran. Para Ezequiel, que ha sido nutrido en las tradiciones sacerdotales en las cuales el culto tiene un valor fundamental, esa teología contextual de las actividades y festividades religiosas es muy importante (véase, particularmente, Ez 5.1-6.14; 17.1-18.20; 20.1-44; 22.1-31).

Un buen culto, a los ojos del profeta, manifiesta sus virtudes de forma concreta y clara en el rechazo firme, decidido y pleno a la corrupción gubernamental, la injusticia en las cortes del pueblo y la infidelidad religiosa. Esas actitudes del pueblo, en sus manifestaciones personales y nacionales, impiden que las actividades cúlticas sean recibidas con agrado por Dios. Para el profeta es fundamental mantener la correspondencia entre los valores religiosos y los éticos. No puede haber un culto agradable a Dios sin vivencias de justicia.

Esa crítica de Ezequiel identifica con precisión algunas acciones del pueblo que son particularmente aborrecidas por Dios. Por ejemplo, el profeta rechaza con valor y seguridad la desacralización del sábado (Ez 20.12-24), la celebración de cultos idólatras en los llamados «lugares altos» o santuarios dedicados a las divinidades locales (Ez 6.13; 20.28) y la profanación del santuario (Ez 23.37-38). Ese comportamiento del pueblo fue interpretado por Ezequiel como actos de rebeldía e infidelidad.

Para Ezequiel esas actitudes humanas eran el resultado de la falta de «conocimiento» de Dios y del rechazo a las exigencias éticas que se revelan en el pacto. Y, con el objetivo de presentar su caso con propósitos educativos, el profeta analiza la historia de Israel e identifica de forma sistemática la constante tendencia a la infidelidad que manifiesta el pueblo, aun desde los tiempos liberadores de la salida o éxodo de Egipto (Ez 20.1-44). Inclusive, en esa particular interpretación teológica de la historia nacional, Ezequiel llega hasta a afirmar que el pueblo nunca ha seguido al Señor con todo su corazón. Y añade, además, que la actitud constante de Israel a través de la historia siempre ha sido la rebeldía, que se manifiesta constantemente en infidelidad a Dios y rechazo a sus mandamientos.

Responsabilidad personal

El importante tema teológico de la responsabilidad que los individuos tienen ante Dios es fundamental, tanto en Ezequiel como en Jeremías (Ez 18.2; Jer 31.29). Ambos profetas, inclusive, citan el mismo proverbio para enfatizar la comunicación de sus mensajes: el pueblo no podrá decir nunca más que los padres se comieron las uvas agrias y los hijos sufrieron la dentera. Es decir, cada persona es responsable ante Dios y la comunidad de sus actos.

Esa teología de responsabilidad individual también se aplica a las diversas generaciones (Ez 18.1-32), pues para Ezequiel cada período es responsable ante Dios de sus decisiones y también de las repercusiones e implicaciones de esos actos. Este importante tema se desarrolla muy bien en el mensaje del profeta que identifica las acciones de abuelos, padres, hijos y nietos. Y aunque cada persona y generación debe enfrentar con valentía el resultado de sus decisiones y actos, el profeta presenta la importancia de superar las maldades del pasado para contribuir positivamente a la construcción de un presente y un futuro mejores.

La importante teología del profeta como centinela (Ez 3.1-27; 33.1-9) se fundamenta prioritariamente en esa comprensión de la responsabilidad personal e individual de Ezequiel. Y a la pregunta de por qué anunciar el mensaje divino al pueblo si nadie le hace caso llega la respuesta firme: Ezequiel es responsable de cumplir su misión ante Dios. Y también el pueblo es responsable de sus respuestas al mensaje divino.

El profeta Ezequiel debe ser fiel a su misión de embajador y representante de la palabra divina. Su finalidad primordial es anunciar con claridad y pulcritud el mensaje que presenta a Dios como un agente de misericordia y justicia, independientemente de las respuestas del pueblo. Cada uno debe ser responsable de sus acciones y decisiones: el profeta, por anunciar la palabra divina; el pueblo, por responder adecuadamente a esos reclamos éticos y morales del Señor.

Pecado humano y misericordia divina

El tema del pecado está continuamente presente en los mensajes de Ezequiel. Un poco quizá por su entrenamiento sacerdotal, y también por las continuas rebeliones del pueblo, el profeta continuamente presenta y rechaza esa actitud humana de rebeldía y arrogancia que impide la manifestación plena de la gracia y la misericordia de Dios. Esa actitud pecaminosa, según el profeta, está profundamente enclavada en el corazón de las personas. Su esperanza es que la confrontación del pecado humano con la santidad divina produzca reacciones de arrepentimiento y humillación en el pueblo. Y esas demostraciones concretas de arrepentimiento pueden mover positivamente la misericordia divina. La posibilidad de arrepentimiento es un gran valor teológico en el mensaje profético de Ezequiel (Ez 16.54-63; 33.10-16).

Esas actitudes de arrepentimiento, aunque son fundamentales y muy necesarias ante la presencia divina, no constituyen el único factor para que se manifieste el amor perdonador y la misericordia del Señor. La fuerza más importante que hace que la misericordia divina se haga realidad en medio de las vivencias del pueblo es la santidad de Dios. Esa extraordinaria santidad divina, unida a su firme y decidido amor hacia el pueblo (véase a Ez 16.53, 60-61; 20.40-44; 34.11), hace que se revele el poder restaurador de Dios, que se presenta en el libro como una especie de resurrección y reconstrucción nacional (Ez 37.1-14).

En torno a este importante asunto de la resurrección nacional, que es una clara manifestación de gracia divina, el mensaje de Ezequiel es contundente y firme: Dios está firmemente comprometido con la restauración del pueblo para rechazar la burla de las naciones (Ez 36.6), y también para honrar y vindicar su nombre santo (Ez 36.22-23). Esas transformaciones radicales del pueblo necesitan que Dios mismo les equipe con un nuevo corazón, que les permita manifestar obediencia y fidelidad (Ez 36.26-28). En este proceso de redención nacional es muy importante señalar que, para Ezequiel, el arrepentimiento humano es posterior a la manifestación de la misericordia divina.

El Mesías

Es de particular importancia notar que, aunque en el libro de Ezequiel se dedica más de un veinticinco por ciento de la obra a presentar el futuro glorioso y restaurado del pueblo de Israel, las referencias directas y específicas al Mesías son mínimas. Esas alusiones presentan al Mesías como un líder nacional que debe cumplir una serie de responsabilidades ante el pueblo. No se nota en Ezequiel una específica percepción teológica del Mesías como el rey universal que implantará la justicia en las naciones, ni se destaca como el agente internacional de Dios para traer la paz a la humanidad.

Al leer y estudiar el mensaje profético de Ezequiel se pueden identificar y analizar algunos pasajes de variada importancia mesiánica. Las referencias generales a los temas del «retoño» (Ez 17.22) o del «cuerno» —traducido en ocasiones como «fuerza»— (Ez 29.21), pueden tener algún eco mesiánico según la tradición profética en Israel. Son imágenes y figuras literarias que el pueblo ya conoce y reconoce, y que se relacionan con las percepciones mesiánicas tradicionales del pueblo.

En la sección final de la obra (Ez 40.1-48.35), en donde el tema de la restauración es protagónico, se incluye la alusión al futuro líder del pueblo y se le denomina, sin embargo, «príncipe» (que en hebreo se conoce como *nasí*), no rey. De las lecturas del mensaje se deriva que proviene de la casa de David, aunque sus responsabilidades no son descritas en términos reales o monárquicos (p. ej., Ez 44.3). En efecto, en la obra teológica del profeta Ezequiel todas esas posibles alusiones teológicas al Mesías son, en el mejor de los casos, tímidas y esporádicas.

Ese silencio teológico o timidez temática referente al mesianismo no se debe, posiblemente, a un rechazo profético a ese tan particular e importante asunto, ni a la falta de interés de Ezequiel por el Mesías prometido. Quizá esa timidez profética se debe a que la preocupación fundamental del profeta, luego de la debacle del exilio, se relaciona con el pueblo y su restauración, no con ese importante personaje que llegará a Israel en el tiempo adecuado, de acuerdo con las expectativas tradicionales del pueblo. De todas formas, la figura del rey histórico en Israel quedó herida permanentemente en el tiempo del exilio en Babilonia. Luego del destierro se presenta un nuevo líder nacional cuyas funciones se relacionarán con el trabajo sacerdotal.

La idolatría

Fundamentado en la seguridad que genera un Dios creador y santo, el profeta rechaza de forma vehemente las actitudes idólatras del pueblo. Para Ezequiel, el pueblo debe renunciar con firmeza y decisión a esas concepciones religiosas erróneas que pensaban que otros dioses nacionales o ídolos humanos tenían la capacidad y el poder de salvar y transformar, al igual que el Señor bíblico que ha mostrado al pueblo judío su compromiso redentor desde los tiempos del éxodo.

Presta de esta forma el profeta Ezequiel especial atención al problema de la idolatría, que califica de prostitución (Ez 16; 23), en la tradición de los profetas clásicos de Israel. Detrás de la firme crítica del profeta a la idolatría se manifiesta un rechazo abierto a las naciones que representan esos dioses. El reconocimiento de esas divinidades no solo era un problema teológico y espiritual para el profeta, sino que constituía una clara señal de sometimiento político a esas potencias extranjeras. El seguir tras los dioses falsos era una forma de perder la identidad nacional, que estaba íntimamente relacionada con el Dios del Israel y la liberación de la esclavitud y el éxodo de Egipto.

Crítica a la ortodoxia religiosa de su época

Una lectura cuidadosa de las posturas teológicas de Ezequiel revela la seria crítica del profeta a las creencias básicas del pueblo, pone de relieve un claro rechazo profético a las convicciones tradicionales de la comunidad y manifiesta el antagonismo del profeta, que también provenía de círculos sacerdotales, de la teología predominante u ortodoxia religiosa.

La confianza del pueblo ante las amenazas de Babilonia se fundamentaba en cuatro postulados o afirmaciones teológicas básicas: en primer lugar, se creía que Israel era el pueblo escogido de Dios, y esa peculiaridad le brindaba un nivel extraordinario de protección y seguridad nacional; en esta tradición teológica también se pensaba que, como vivían en la Tierra Prometida, Dios mismo evitaría la destrucción y devastación nacional; Jerusalén, de acuerdo con estas percepciones teológicas, como centro religioso y ciudad donde se ubicaba el templo, no sería destruida, pues el Señor mismo impediría su violación y derrota; y, finalmente, el pueblo entendía, fundamentado en las promesas a David, que uno de sus descendientes sería el monarca de Israel de forma perpetua.

Para Ezequiel, esa teología de seguridad nacional debía estar fundamentada en la fidelidad del pueblo al pacto o alianza en el Sinaí. Como esa actitud de lealtad a Dios no caracterizaba las acciones de los ciudadanos de Judá y, particularmente, los estilos de vida en la ciudad de Jerusalén, el profeta rechazó esas teologías de seguridad irracional y acríticas y presentó al pueblo un firme y decidido mensaje de juicio y destrucción.

En la articulación del mensaje profético, Ezequiel subraya los siguientes atributos divinos: Dios no es solo Señor de Judá y Jerusalén, sino que reina sobre todas las naciones. Ese Dios eterno y universal revela su plan divino al mundo, que incluye la manifestación de su ira al llamado pueblo escogido; en efecto, la implantación de la justicia divina en la historia humana incluye el juicio a los ciudadanos de Judá y Jerusalén, aunque ellos piensen que están salvaguardados de las calamidades nacionales y de los posibles ataques babilónicos. Además, de acuerdo con los mensajes del profeta, esa actitud de Dios es justa, pues el pueblo no vivió a la altura del compromiso que había hecho con el Señor en el monte Sinaí.

Ezequiel en las sinagogas y las iglesias

Aunque el profeta Ezequiel no es mencionado directamente en las Sagradas Escrituras fuera del libro que lleva su nombre, su influencia fue decisiva en la renovación de la esperanza de la comunidad judía luego del período del exilio, particularmente entre los deportados que vivían en Babilonia. Su contribución debe haber sido fundamental, pues los líderes le consultaban con regularidad y sus palabras se convirtieron en parte del fundamento teológico y programático de la transformación nacional y el regreso de los exiliados, luego del edicto de Ciro (Esd 2.1-70).

Esa influencia teológica se pone en evidencia clara al leer los libros de Daniel y Zacarías, que desarrollaron secciones importantes de sus mensajes fundamentados en las percepciones apocalípticas que ya se manifiestan con vigor en el libro y los mensajes de Ezequiel. Inclusive, las formas de fechar los mensajes en los libros de Zacarías y Hageo revelan una muy clara influencia del profeta Ezequiel.

Las referencias a Ezequiel en la literatura apócrifa y pseudoepígrafa son mínimas. En la lista de honor de israelitas notables se alude a la visión de la gloria divina que tuvo el profeta (Sira 49.8); además, se comenta que una mujer aludió al mensaje de los huesos secos de Ezequiel ante la muerte de su esposo (4 Mac 18.17); y Josefo indica que Ezequiel fue el primer profeta en escribir sus mensajes y dejar dos libros (Ant 10.5.1; quizá el segundo libro del profeta es Ez 40-48, aunque algunos estudiosos piensan que se trata de otra obra).

Entre los qumramitas, la influencia de Ezequiel se pone claramente de relieve en los planes que tenían respecto al templo renovado de Jerusalén, que se incluyen en un libro muy importante de la secta, conocido como el «Rollo del templo», además de las destacadas percepciones sacerdotales que debía poseer el liderato del grupo. La influencia del profeta también se pone de manifiesto en la teología de la espiritualidad y del remanente de Israel, y en la particular comprensión de la gloria de Dios que muestran sus escritos.

En la literatura rabínica las dificultades literarias y las complejidades teológicas del libro se revelan con claridad. Inclusive, de acuerdo con San Jerónimo, los judíos de menos de treinta años no debían leer la obra de Ezequiel. Además, como el profeta vivió fuera de la tierra de Israel, algunos líderes y rabinos dudaban de la autoría de su obra. A esa percepción de rechazo o distanciamiento se deben añadir las diferencias entre la ley de Moisés en la Torá y el libro de Ezequiel.

En el Nuevo Testamento tampoco se menciona al profeta Ezequiel de forma directa, sin embargo, la importante teología de la resurrección cristiana se puede relacionar con facilidad con los mensajes del profeta, particularmente con la visión de los huesos secos (Ez 37). Además, esa influencia profética también se nota al estudiar con cautela y detenimiento la teología de la gloria divina que se manifiesta en la literatura paulina. Pero es en las visiones apocalípticas de Juan que la influencia de Ezequiel llega a su punto culminante. Esa contribución se revela no solo en los temas teológicos expuestos en el libro de Apocalipsis, sino en las imágenes que desarrolla y en la metodología de la revelación.

A los padres de la iglesia les llamó poderosamente la atención el simbolismo de los números en Ezequiel, aunque eran conscientes de las complicaciones teológicas y literarias de la obra. La importancia del profeta en Calvino se manifiesta al descubrir que su último libro publicado fue el estudio expositivo que hizo del libro de Ezequiel. Martín Lutero, sin embargo, no mostró mucho interés exegético y teológico en este profeta, solo lo estudió y lo preparó para incluirlo en su traducción de la Biblia.

Las diferencias en los diversos acercamientos, las variadas percepciones y los diversos aprecios del libro de Ezequiel posiblemente se relacionan con las complejidades de su estilo literario y sus percepciones teológicas intensas. Para comprender y disfrutar el mensaje de Ezequiel es de suma importancia que los lectores y las lectoras de la obra sean conscientes de que trabajamos con un documento antiguo y complejo, que incluye poesía y narración, generado por un profeta, predicador y escritor de gran capacidad intelectual, teológica, literaria e imaginativa. Una vez se toman en consideración esas peculiaridades literarias, las profecías y visiones de Ezequiel toman forma de mensaje transformador y palabra pertinente. La mano del Señor no solo llega al profeta, sino también a sus lectores.

5

❈ El libro del profeta Daniel

*Tan pronto como amaneció, se levantó y fue al foso
de los leones. Ya cerca, lleno de ansiedad gritó:*
*—Daniel, siervo del Dios viviente, ¿pudo tu Dios, a
quien siempre sirves, salvarte de los leones?*
*—¡Que viva Su Majestad por siempre! —contestó
Daniel desde el foso—. Mi Dios envió a su ángel
y les cerró la boca a los leones. No me han hecho
ningún daño, porque Dios bien sabe que soy
inocente. ¡Tampoco he cometido nada malo contra
Su Majestad!*

DANIEL 6.19-22 (NVI)

El libro

El libro bíblico de Daniel presenta las experiencias de vida de un personaje que revela grandes virtudes como sabio y también como vidente. En efecto, más que el autor de la obra, Daniel es el protagonista indiscutible de una serie de narraciones que tienen una muy clara intención educativa y un definido propósito teológico: la edificación espiritual del pueblo y la afirmación de la fe en un momento de crisis nacional. De acuerdo con esas enseñanzas, Daniel es un sabio judío y un vidente que vive en medio de la corte babilónica en el período exílico.

Daniel en la Biblia no es un nombre desconocido. En hebreo significa «Dios es mi juez» o «Dios ha juzgado», que pone claramente de manifiesto la relación íntima del personaje con el tema de la justicia divina. De acuerdo con las narraciones cronistas, Daniel era el nombre de uno de los hijos de David (1 Cr 3.1) y también el de un desterrado que regresó a Jerusalén después del exilio en Babilonia en la época de Esdras y Nehemías (Esd 8.2; Neh 10.7). De esta forma se pone de relieve que ese particular nombre de Daniel se asocia directamente con la monarquía clásica de Israel, y con las personas que participaron en el proceso de reconstrucción de Jerusalén y Judá.

El profeta Ezequiel también alude a una figura antigua conocida con el nombre de Daniel (o mejor dicho, Dan'el, según el texto hebreo, «Dios juzga»). Este personaje era conocido por su gran sabiduría, y vivió en una época muy antigua y remota, en tiempos de Noe y Job (Ez 14.14, 20; 28.3). Posiblemente este Dan'el es a quien se hace referencia en algunas leyendas antiguas en la ciudad de Ugarit, pues es famoso por su piedad y por implantar la justicia entre las viudas y los huérfanos. Además, ese era el nombre del suegro del piadoso Enoc (Jubileos 4.20). En efecto, desde tiempos inmemoriales, y en el ambiente cultural de Israel y sus vecinos, el nombre de Daniel se ha relacionado con los importantes temas de la sabiduría, la piedad y la justicia.

El libro de Daniel presenta una serie de narraciones en torno a un joven que vivió desterrado en medio del Imperio babilónico. La primera parte del libro (conocido en círculos académicos como Daniel A: 1.1-6.28) incluye seis narraciones cortas en torno al comportamiento sabio, valeroso, firme, piadoso y heroico de Daniel y sus tres amigos, Ananías, Misael y Azarías, en la corte del gran Nabucodonosor, el famoso rey de Babilonia.

La segunda sección (identificada como Daniel B: 7.1-12.13) incorpora cuatro visiones de carácter apocalíptico que presentan la sucesión de cuatro reinos o gobiernos humanos. Esos cuatro reinos representan, en forma simbólica, las potencias mundiales a las que ha sido sometido el pueblo de Dios desde la conquista de Babilonia hasta el momento especial en que Dios mismo irrumpirá en la historia para beneficiar y liberar a su pueblo. Todo el libro afirma de forma clara y directa que Dios es el único Señor de la historia y la humanidad.

En la sección inicial del libro Daniel es visto como un sabio que ha decidido ser fiel a sus tradiciones religiosas y convicciones espirituales. La obra pone de manifiesto, de forma edificante y educativa, las acciones y el estilo de vida de Daniel como modelo y ejemplo a seguir. La segunda parte del libro de Daniel revela las experiencias de un vidente que no se resiste a creer que los poderes humanos tengan la última palabra en torno al futuro del pueblo de Dios. Estas visiones ponen en evidencia al Dios que tiene el control absoluto de la historia humana, y que está dispuesto a revelar los secretos de esa historia a su pueblo.

Peculiaridades literarias y teológicas del libro

El libro de Daniel en la Biblia tiene una serie particular de características temáticas, estructurales, teológicas y literarias que deben identificarse con precisión. Estas cualidades distintivas de Daniel desafían, en efecto, a las personas que estudian sistemáticamente la obra, pues ignorar, no reconocer o subestimar estas características y peculiaridades puede llevar a los estudiosos y las estudiosas de la obra a una comprensión equivocada del mensaje y también puede generar interpretaciones erróneas de la revelación divina al vidente y a la sociedad, tanto antigua como moderna.

En primer lugar, el libro de Daniel es una obra bilingüe: está escrito en hebreo y arameo. Esa distintiva mezcla de idiomas le brinda a la obra una doble y singular dimensión teológica y literaria que no debe ignorarse u obviarse. Las secciones narrativas, que tienen una intención moral y educativa (Daniel A), están escritas predominantemente en arameo, excepto el inicio de la sección (Dn 1.1-2.4a), que está en hebreo. Las visiones apocalípticas (Daniel B) están redactadas prioritariamente en hebreo, aunque también incorpora el idioma arameo al comenzar la sección de las visiones (Dn 7.1-28).

Una segunda característica que le brinda al libro de Daniel una distinción particular en la literatura bíblica es que presenta una obra en un ambiente histórico dual. La narración incluye una serie de experiencias y visiones que se relacionan con un joven judío, Daniel, que fue llevado con un grupo de amigos al destierro en Babilonia en siglo VI a. C. A la vez, el estudio sobrio y minucioso del libro revela que el mensaje de la obra presupone y está particularmente dirigido a la comunidad judía del siglo II a. C. Ese grupo de judíos vivía en medio de una persecución religiosa acérrima y despiadada de las fuerzas helenísticas y paganas lideradas por Antíoco IV Epífanes. Esa dualidad histórica le imprime un particular carácter teológico al libro de Daniel, pues se deben consideran ambos entornos al analizar la obra.

La tercera peculiaridad del libro de Daniel es que la obra se articula y redacta en dos géneros literarios muy bien definidos y delimitados. El primero lo constituyen unas narraciones o relatos que tienen un particular interés moral y educativo en el pueblo. Ese tipo singular de literatura se conoce como «hagádica» (del hebreo, *haggada*, que significa composición o narración), y tiene como finalidad específica la edificación e instrucción de los oyentes y lectores. El propósito fundamental de este tipo de escrito es poner de relieve la importancia de los valores éticos y del buen comportamiento en el pueblo, además de inculcar una lección de moralidad en la comunidad.

El segundo género literario en el libro de Daniel es el apocalíptico. Este género consiste en transmitir una serie de revelaciones misteriosas que se reciben a través de visiones extraordinarias y fantásticas o se transmiten por medio de la intervención de ángeles o mensajeros celestiales. Esas revelaciones incluyen elementos históricos del pasado, del presente y del futuro. De fundamental importancia en este tipo de escrito es que presenta el establecimiento escatológico, firme y definitivo del reino mesiánico, auspiciado directamente por Dios.

Para comunicar el mensaje, este género literario utiliza la fama y el prestigio de personajes antiguos distinguidos para brindarle al escrito un particular valor teológico y también para imprimirle al documento mayor autoridad moral y religiosa. En el caso específico de nuestro libro, se ha utilizado la autoridad incuestionable del famoso y antiguo personaje Dan'el para imprimirle una dimensión adicional de autoridad religiosa a las enseñanzas que se presentan al pueblo de Dios en un período de persecución y angustia.

Este estilo apocalíptico, que contiene rasgos formales y literarios distintivos y peculiares, presupone un ambiente de desesperanza y crisis. El desarrollo y aprecio de este tipo de literatura, que fue muy popular en el llamado período intertestamentario, se produce en contextos donde la esperanza en las instituciones humanas tradicionales se ha perdido. Cuando ya no hay confianza en las estructuras políticas, militares, sociales y religiosas, los escritos apocalípticos florecen y se proliferan, pues le brindan a la comunidad necesitada, desesperada, perseguida y angustiada un sentido grato de esperanza y futuro fundamentado claramente en las intervenciones extraordinarias de Dios en medio de la historia humana.

El mensaje apocalíptico presenta la historia humana como si se tratara de un drama en dos actos: el primero se lleva a efecto en medio de la historia presente y actual, en medio de las vivencias reales y cotidianas del pueblo. La segunda dimensión del mensaje, sin embargo, lleva a la comunidad a un nuevo nivel que sobrepasa los límites de la historia para llegar con fuerza a nuevas percepciones escatológicas, para anunciar lo que habrá de suceder al final de los tiempos.

Fechas de composición y autor

Las complejidades del libro de Daniel se ponen claramente de manifiesto con la lectura inicial de la obra. Esas peculiaridades literarias y teológicas revelan un proceso de redacción complejo. Los relatos del Daniel sabio y sobrio que vive en medio de la corte babilónica (Daniel A) son más antiguos que la sección apocalíptica. Ese tipo de narración de sabiduría era conocida desde la antigüedad en Israel y, en el caso específico de Daniel, deben haberse redactado y fundamentado en las narraciones antiguas, luego del exilio en Babilonia. El propósito de ese tipo de narración piadosa es destacar la importancia de mantener la cultura y los valores judíos en medio de una sociedad altamente antagónica y hostil como la babilónica.

La sección apocalíptica (Daniel B) proviene de una época posterior, posiblemente alrededor del año 160 a. C., cuando los ataques helenísticos a la cultura judía se hicieron insoportables y las ofensas continuas a las tradiciones ancestrales del pueblo llegaron a niveles indecibles. Ejemplos de este tipo de literatura se pueden encontrar en otros pueblos del Oriente Medio (p. ej., Irán), porque esos pueblos y culturas estaban inmersos en experiencias políticas, militares, sociales y religiosas similares.

Aunque ya en el Antiguo Testamento se pueden notar algunas secciones con diversos niveles de influencia apocalíptica (p. ej., Is 24-27; Ez 38-39; Zac; Jl 3), el libro de Daniel es el primero que puede identificarse con propiedad, seguridad y precisión en esa categoría literaria y teológica. De acuerdo con Daniel, Dios es el que tiene la capacidad y la voluntad de manifestarle sus secretos a la humanidad.

Una definición más precisa de este tipo peculiar de literatura, sin embargo, puede ser la siguiente: el género apocalíptico es una narración que presenta un particular tipo de revelación divina que utiliza seres angelicales o especiales para comunicar a individuos y pueblos una realidad teológica, con grandes implicaciones políticas y sociales, que trasciende el marco inmediato y temporal de la historia; en esa singular revelación, la salvación se ubica en niveles escatológicos pues los videntes y los agentes divinos que transmiten el mensaje han perdido la esperanza en las instituciones políticas, sociales, militares y religiosas: solo Dios puede traer la redención que necesita el pueblo.

Este tipo particular de literatura parece que se desarrolla de forma óptima en ambientes de crisis social y persecución política aguda. Los receptores de estos mensajes son personas y comunidades que se sienten oprimidas por imperios que les someten y angustian de forma inmisericorde y agresiva. Los apocalipsis, de esta forma, se convierten en un tipo de literatura subversiva, pues brinda a las comunidades heridas, perjudicadas y perseguidas un grato sentido de esperanza y seguridad que les prepara para enfrentar las más intensas y complejas adversidades. Los apocalipsis son, a la vez, esperanza para los oprimidos y rechazo de las fuerzas opresoras.

En el caso del libro de Daniel, el ambiente histórico y social que propició la redacción y comunicación del mensaje apocalíptico (Daniel B) tiene, por lo menos, tres niveles históricos y teológicos básicos: la persecución inmisericorde y hostil de Antíoco IV Epífanes al pueblo judío y sus continuos ataques a sus instituciones fundamentales; el proceso intenso de helenización y transculturación del Oriente Medio conquistado por Alejandro Magno; y, también, en cierta medida de importancia, el incumplimiento histórico de las antiguas profecías de que luego del exilio en Babilonia vendría un período de especial restauración y renovación nacional para la comunidad judía.

Este libro nace en el contexto específico de una persecución intensa y despiadada de Antíoco IV Epífanes, a quienes los judíos más piadosos lo consideraban como la encarnación misma de la maldad, como la manifestación óptima de las fuerzas que atentan contra la bondad y la justicia, como la materialización de las fuerzas y dinámicas que se contraponen con desdén a la voluntad divina en medio de la humanidad. Esos años de c. 164-160 a. C. fueron testigos de una persecución mortal que estaba orientada hacia la prohibición definitiva de las prácticas religiosas, que incluía, por ejemplo, la pena de muerte por circuncidar a los niños.

La persona o las personas que redactaron finalmente el libro de Daniel durante esa época de crisis nacional (c. 164 a. C.) debieron ser parte del grupo de gente muy religiosa y espiritual (ese grupo era conocido como los «hasídicos» o piadosos) que decidió ser fiel a Dios en medio de las abominaciones extraordinarias relacionadas con las políticas de helenización de Antíoco IV Epífanes. Ese grupo de judíos leales a las tradiciones ancestrales del pueblo no se amilanaron ante los ataques ni los avances violentos de esas políticas de dominación continua y exterminio sistemático. El libro de Daniel surge en medio de este tipo de personas de fe.

Contextos históricos y canónicos

Para la comprensión adecuada del libro de Daniel debemos identificar los diversos contextos en los cuales la obra se desarrolló y en los cuales debe interpretarse. La evaluación de la historia que sirve de marco de referencia a los mensajes del libro puede brindarnos varias pistas hermenéuticas y guías teológicas para la aplicación pertinente del mensaje. Inclusive, la ubicación del libro en los diversos cánones de las Biblias, tanto judías como cristianas, es importante.

La identificación precisa de la fecha de composición del libro de Daniel es una tarea compleja y ardua. Como ya hemos indicado, la obra se presenta en un período histórico definido, pero se redacta en otra época de la vida nacional; además, el tema del personaje sabio que tiene la capacidad de interpretar sueños es muy antiguo en Israel.

La sucesión de imperios y monarcas jugó un papel de gran importancia en la historia que presupone el libro de Daniel. En las siguientes listas se identifican los reyes que gobernaron desde la época exílica, en la que se ubica a nuestro protagonista (Daniel), hasta el período de Antíoco IV Epífanes, que fue el gobernante que llevó a efecto la persecución a la comunidad judía, a la que el mensaje de Daniel responde. Estos reyes y gobernantes controlaron la política nacional e internacional de Oriente Medio desde el siglo VI hasta el II a. C. y, por consiguiente, forman parte del trasfondo histórico del libro de Daniel.

Aunque el asunto de la historia del libro ubica a sus personajes en el período específico del destierro de Israel en Babilonia (siglo VI a. C.), una lectura cuidadosa y sobria de la obra revela que la composición puede provenir de una época posterior. De singular importancia en este análisis es la presentación de la historia nacional que hace el libro (Dn 11) al revisar los eventos que trajeron la desgracia al pueblo y el dolor a la comunidad judía.

Haciendo uso de un lenguaje metafórico, este particular capítulo de la sección apocalíptica de Daniel hace varias referencias a eventos históricos concretos que tienen gran importancia y relevancia histórica después del exilio. El mensaje anuncia la muerte de un tirano siguiendo el estilo literario y la presentación teológica que ya se incluye entre otros libros proféticos tardíos (p. ej., Is 10.5-34; 14.25; 31.8-9; Ez 38-39; Zac 14.2; Jl 3.2): el enemigo cae totalmente derrotado en los montes de Israel.

Esos detalles históricos particulares ubican la redacción de la sección apocalíptica del libro (Daniel B), y posiblemente la edición final de toda la obra, en el período de persecución, profanación y hostilidad de Antíoco IV Epífanes, y su programa de transculturación contra el pueblo judío, alrededor del año 164 a. C.

La identificación de la fecha de redacción final de Daniel debe tomar en consideración, además, las siguientes peculiaridades y características de la obra: el hebreo que emplea el autor para presentar sus narraciones es ciertamente posterior al período exílico; algunas secciones que se incluyen en la lengua aramea provienen de una época tardía en la historia de Israel, posiblemente se generan luego del siglo IV a. C.; los temas y las imágenes que se destacan en la obra (p. ej., los ángeles, el apocalipsis y la resurrección de los muertos) sugieren una fecha muy posterior al destierro babilónico; y la perspectiva histórica que se manifiesta en el libro apunta hacia una fecha cercana al siglo ii a. C. Finalmente, la descripción tan clara de la profanación del templo de Jerusalén, cometida bajo los auspicios inmisericordes de Antíoco IV Epífanes en el 167 a. C., pueden ser una confirmación de que el libro de Daniel proviene de solo unos años posteriores a ese evento tan nefasto en la historia nacional (c. 164 a. C.).

La ubicación del libro de Daniel en las Biblias ilumina algunos de los procesos y las dinámicas de canonización de las Escrituras de Israel. En la Biblia hebrea Daniel se incluye en la tercera sección del canon, conocida como «los escritos» (en hebreo, *ketubim*). Sin embargo, en la versión de los Setenta (LXX) se incorpora entre los profetas (en hebreo, *nebi'im*). Esa diferencia revela el aprecio y reconocimiento que le tenían las diversas comunidades al libro. De antemano se pone de relieve la comprensión general que cada comunidad tenía de Daniel: para los judíos era una obra de sabiduría, y para los cristianos un libro profético.

Respecto a ese mismo tema canónico, es importante señalar que los fariseos manifestaban cierto recelo y subestimación hacia la literatura apocalíptica. Pensaban, además, que la inspiración de Daniel era posiblemente secundaria, pues se fundamentaba en mensajes proféticos previos (p. ej., Dn 9 se basa en Jer 25; 29 y en otros lugares cita o alude a Habacuc, la segunda sección del libro de Isaías y Ezequiel).

Los grupos cristianos, por su parte, en los cuales la traducción griega de la Septuaginta era el texto bíblico fundamental, entendían que el libro formaba parte de la sección profética. Relacionaban la literatura apocalíptica con la profética, que en el caso de Daniel, de acuerdo con estas lecturas, es claro, pues este personaje tuvo una serie importante y muy clara revelaciones divinas, que ciertamente tenían implicaciones proféticas e históricas.

Esa comprensión profética puede ilustrarse con su desarrollo del tema del gobernante orgulloso, arrogante y prepotente que desea establecer su trono sobre las estrellas, en el cielo (Dn 7). Ese mensaje también aparece en otros libros proféticos clásicos (véase, p. ej., Is 14.3-15). Además, la presencia divina en medio del culto se hace presente en las figuras de Dios como Rey de reyes y como el Anciano de Días, que pueden relacionarse con otros mensajes proféticos (p. ej., Ez 8-11; 43). Inclusive, el tema y la imagen del «hijo del hombre» ya aparecen en Ezequiel (Ez 8).

Mensaje de Daniel

El mensaje fundamental del libro de Daniel es una exhortación a ser fieles a Dios en momentos de crisis y adversidades extraordinarias. Se escribió para apoyar a la comunidad judía que sentía el escarnio y los vejámenes de las fuerzas más despiadadas e inmisericordes de Antíoco IV Epífanes. El llamado básico de Daniel es a permanecer fieles en medio de los conflictos más intensos y las opresiones más despiadadas de la vida. El propósito prioritario de Daniel es incentivar la fidelidad del pueblo de Dios ante las fuerzas cruentas y seductoras del helenismo que ofrecían a la comunidad una nueva forma pagana de vivir.

Y ante esas dinámicas sistemáticas de agresión religiosa, política y cultural, el libro de Daniel se preocupa por demostrar la superioridad del Dios de Israel, que tiene la capacidad de proteger a su pueblo no solo en medio de cortes paganas e imperios irrespetuosos, sino que interviene de forma salvadora hasta en los hornos de fuego y en las cuevas de leones, que representan lo peor que le podía pasar a alguna persona o a algún pueblo. El Dios de Israel no solo es más poderoso que las divinidades paganas del mundo helenista, sino que es más sabio, de acuerdo con las enseñanzas de los relatos del libro de Daniel.

Ese componente de esperanza del libro de Daniel es un valor teológico muy importante que tiene la capacidad de traspasar los límites del tiempo para llegar a otras culturas en otros períodos. El Dios de Daniel está preocupado por la gente perseguida y necesitada. El Señor que se manifiesta en la obra está comprometido con las causas que requieren defender a las personas oprimidas y menesterosas. El gran mensaje del libro llega con fuerza a las comunidades que sienten que las fuerzas de la injusticia les impiden manifestarse con libertad y seguridad.

En el corazón del mensaje de Daniel están las virtudes que se pusieron en clara evidencia en el mensaje de Jesús de Nazaret. Tanto en Jesús como en Daniel, Dios no resiste la opresión de su pueblo y el cautiverio de la gente de bien. El Señor de la historia, que se hizo persona y palabra viviente en Jesús, de acuerdo con el mensaje del libro de Daniel, está dispuesto a repetir esas intervenciones redentoras en medio de las persecuciones y angustias de los creyentes de todos los tiempos. En efecto, este Dios y Señor de la historia humana utiliza la progresión histórica y el ascenso y descenso de gobiernos e imperios terrenales para preparar su reinado universal en medio de la humanidad.

Teología

Una lectura cuidadosa del libro de Daniel identifica varias contribuciones destacadas de la obra a la historia de las ideas religiosas y la teología. El libro presupone ese ambiente de crisis nacional que generó gran creatividad literaria y produjo los estímulos pertinentes para la contextualización de sus enseñanzas.

En primer lugar, Daniel es el primer libro de la Biblia hebrea que contiene secciones importantes de literatura apocalíptica. En la historia del pensamiento religioso este tipo de literatura juega un papel destacado, pues constituye una muy firme respuesta teológica al sentido de impotencia, inseguridad y desesperanza que generan las opresiones políticas, religiosas y sociales. La literatura apocalíptica no es una forma de escapismo religioso, sino una manera alterna de leer la realidad que le brinda a la gente cautiva el valor necesario para mantener la esperanza y les permite soñar el futuro. Esas dinámicas espirituales se convierten en las fuerzas que les ayudan a transformar el futuro soñado en realidad inmediata y contextual.

Daniel, además, incorpora el uso literario de la figura del ángel que guía y orienta al vidente. Esta particularidad literaria se desarrolló de forma destacada en el llamado período intertestamentario. En Daniel los ángeles son criaturas especiales enviadas por el Señor para cumplir una particular y definida encomienda: revelar la voluntad divina. Posteriormente, en la literatura rabínica y los escritos cristianos, esta percepción teológica se desarrolla aun más, y se crea una angelología mucho amplia, intensa y extensa.

En el libro de Daniel también se incluye de forma firme el tema de la resurrección de las personas muertas (Dn 12.2). Aunque se pueden notar en la Biblia hebrea algunos instantes donde este tema se identifica con alguna intención (p. ej., Ez 37), lo cierto es que Daniel es el que elabora el tema de forma clara y firme. La importancia de este asunto no puede subestimarse, pues se constituyó en uno de los temas más importantes y fundamental de la fe cristiana.

El mesianismo en Daniel llega a niveles previamente insospechados. No solo el idioma utilizado en el libro de Daniel le brindó a Jesús y a sus discípulos una fraseología de gran importancia teológica y contextual (p. ej., la expresión y comprensión de «el hijo del hombre»), sino que la referencia directa al que viene «en las nubes del cielo» (Dn 7.13) se ha convertido en una imagen insustituible e impostergable en la teología cristiana. Jesús de Nazaret se identificó plenamente con esas ideas y se refirió a sí mismo en términos similares a los que utilizó Daniel.

Un tema teológico adicional en Daniel se relaciona con el Dios que responde a los clamores de su pueblo. Y de particular importancia en torno a este tema son las peticiones y oraciones que surgen en momentos de crisis nacional y adversidad personal. El Dios de Daniel escucha el clamor de la gente cautiva con un interés liberador. ¡No está silente y quieto el Dios de Daniel ante los atropellos de la sociedad ni ante los cautiverios de la humanidad!

Una enseñanza destacada del libro, que fue muy bien recogida por Jesús y sus seguidores, es que aunque la gente fiel sea enviada a los hornos de fuego de la historia y a las personas de bien las lleven al foso de los leones de las realidades políticas y sociales, el Señor de la historia ha prometido estar al lado de su pueblo con un muy serio compromiso libertador, con un deseo restaurador, con una finalidad liberadora.

La revelación de la voluntad y los designios divinos es un tema teológico de gran importancia en Daniel. Esas manifestaciones divinas se producen a través de sueños, visiones y audiciones especiales. Sin embargo, en este libro, que incluye un componente destacado de sabiduría, la revelación divina no solo se produce en la revelación, sino en la interpretación adecuada de esas manifestaciones divinas. De esta particular forma son importantes en el libro de Daniel no solo la revelación, sino su adecuada comprensión, que en ocasiones proviene de un ángel intérprete.

En el libro de Daniel la historia tiene grandes implicaciones teológicas. En el libro se alude a eventos que se separan entre sí por... ¡cuatrocientos años! Y, en ese proceso, se pasa de los niveles históricos de los imperios humanos a un nivel especial y escatológico que se identifica como el reino de Dios, que sobrepasa los límites de la historia y los linderos del tiempo.

Ese concepto de historia presenta a los reinos humanos que se van sucediendo históricamente, hasta que irrumpe de forma extraordinaria el reinado divino, que llegará para poner fin a los dolores de la gente fiel y para implantar la justicia y la paz. En ocasiones, el recurso literario que ha usado el autor para presentar ese particular mensaje de esperanza y salvación es anunciar, como si no hubieran sucedido, eventos del pasado. Ese recurso, conocido técnicamente como *prophetia ex evento*, le brinda al mensaje de Daniel un poder profético extraordinario, un sentido escatológico especial, un nivel de actualización maravilloso.

6

❋ Los profetas menores

VAunque la higuera no dé renuevos,
ni haya frutos en las vides;
aunque falle la cosecha del olivo,
y los campos no produzcan alimentos;
aunque en el aprisco no haya ovejas,
ni ganado alguno en los establos;
aun así, yo me regocijaré en el Señor,
¡me alegraré en Dios, mi libertador!

HABACUC 3.17-18 (NVI)

El libro de los doce o los profetas menores

El grupo de libros que se conoce en las Biblias cristianas como «profetas menores», en el canon hebreo forman parte del llamado «libro de los doce», en alusión a los títulos de las obras que identifican a doce profetas que ejercieron su ministerio en Israel y Judá antes y después de la época exílica. La referencia a «menores» debe ser adecuadamente entendida, pues estos paladines de la palabra divina no eran teológicamente menores que sus correligionarios cuyos nombre se guardan en los libros de Isaías, Jeremías, Ezequiel y Daniel. Son menores solo desde la perspectiva de la extensión de la obra literaria que poseemos. En efecto, sus libros son mucho más cortos que los llamados «profetas mayores».

Aunque anunciaron la voluntad divina al pueblo en diversos períodos históricos, el mensaje de estos profetas se fue guardando de generación en generación hasta que, luego del exilio en Babilonia, se reunieron en una sola obra que es la base del material que poseemos hoy. Amós y Oseas predicaron en el reino del norte, Israel (c. 750-730 a. C.); Miqueas profetizó en el sur, en Judá, y fue contemporáneo de Isaías, Amós y Oseas. Nahúm, Habacuc y Sofonías llevaron a efecto su labor profética en la época de Jeremías (c. s. VII a. C.); Hageo y Zacarías transmitieron la revelación divina después de terminar el exilio en Babilonia; y Malaquías hizo lo propio como medio siglo después. Finalmente, aunque provienen de diversos momentos del período postexílico, no es posible precisar la fecha exacta de los libros de Joel (c. 400 a. C.), Abdías (c. s. v a. C.) y Jonás (c. s. v-iv a. C.).

1. El libro de Oseas

El profeta Oseas, identificado en el libro como hijo de Beeri (Os 1.1), llevó a efecto su ministerio profético en el reino del norte, Israel, durante los años 750-730 a. C. Comunicó el mensaje divino bajo el reinado de Jeroboam II en Israel y de Uzías, Jotam, Acaz y Ezequías en Judá, el reino del sur (Os 1.1). De la lectura cuidadosa de sus oráculos y mensajes de juicio se desprende que predicó en el mismo contexto histórico, social, político, militar y espiritual que Amós, Miqueas e Isaías. Su mensaje estaba dirigido eminentemente al reino del norte, luego del largo y próspero reinado de Jeroboam II (783-743 a. C.). Anunció la caída inminente del reino y de su capital, Samaria, que finalmente se concretizó con la invasión de los ejércitos asirios en el 722 a. C. (2 R 17.1-6).

El análisis del mensaje de Oseas revela que el libro puede dividirse en dos secciones principales. La primera trata varios asuntos personales y familiares del profeta (Os 1.1-3.5); y la segunda consta de un grupo de oráculos en los que se presentan los temas de la infidelidad del pueblo y el castigo que merece, además de incorporar el anuncio de la conversión de Israel y presentar varios oráculos de salvación, esperanza y futuro (Os 4.1-14.9).

El estilo poético que se manifiesta en el libro es intenso, firme y apasionado, y su lenguaje es conciso, corto y polivalente. Entre sus mensajes, Oseas alterna elocuentemente los temas del amor de Dios y los contrapone a la ira y el juicio divino. En efecto, sus mensajes ponen claramente en evidencia la infidelidad humana, los pecados del pueblo y las esperanzas que se fundamentan en las promesas del Señor. Además, Oseas utiliza con gran maestría literaria y poder emocional la simbología profética en los procesos de comunicación, al presentar su situación familiar como signo elocuente de la voluntad de Dios. En efecto, su matrimonio con una prostituta es símbolo elocuente de la infidelidad del pueblo de Israel ante la revelación divina (Os 1.2-3.5).

El matrimonio y la familia de Oseas

En torno al matrimonio de Oseas el libro presenta dos breves relatos de gran importancia (Os 1.2-9 y 3.1-5). En el primero, que se articula en tercera persona singular, se enfatizan dos aspectos familiares que tienen implicaciones teológicas para su mensaje profético: su matrimonio con una «prostituta» y los nombres simbólicos de sus hijos. En el segundo relato, que se presenta en forma autobiográfica, el profeta interpreta su experiencia familiar y matrimonial a la luz de las acciones infieles del pueblo. Es, en efecto, una forma nueva de presentar la unión, las relaciones y el pacto del pueblo con Dios. La revelación divina a Moisés en el monte Sinaí adquiere en este profeta dimensiones íntimas y profundas comparadas a la unión matrimonial.

Respecto a la llamada «prostitución» de la esposa del profeta, debemos comprender y ser conscientes del uso de las imágenes relacionadas con la prostitución en referencia a la idolatría, la infidelidad religiosa y el politeísmo en Israel y Judá. En efecto, es muy probable que Gomer, la esposa de Oseas, en vez de ser una prostituta común en el sentido actual de la expresión fuera una sacerdotisa israelita dedicada oficialmente al servicio de Baal, que ejercía sus oficios religiosos en alguno de los altares o lugares altos dedicados a las divinidades cananeas (1 R 18.20-40; 19.1-18). En el libro, el profeta utiliza la palabra «prostitución» tanto en sentido literal, para referirse a la inmoralidad humana (Os 5.3; 6.10; 9.1), como en el figurado, para aludir a la infidelidad religiosa (Os 4.1-2).

El sincretismo era una de las amenazas más serias que identificaban los profetas en torno a la vida religiosa del pueblo. La confusión entre el Señor de Israel y las divinidades locales en Canaán era un problema de gran magnitud social, teológica y espiritual. Baal, por ejemplo, ocupaba un sitial de importancia y gran honor, pues se le conocía como el señor de la tierra, y se le relacionaba con la fertilidad, que era un elemento de fundamental importancia en la consciencia religiosa de la comunidad, tanto israelita como cananea. Y estos cultos cananeos incluían en ocasiones las prácticas sexuales que aludían directamente a la fertilización y producción de la tierra, y se asociaban con la abundancia en los frutos.

Los nombres de los hijos de Oseas con Gomer son también signos proféticos. Jezreel, que también era el nombre de una llanura al sur de Galilea, alude al juicio venidero a Israel y a la dinastía de Jehú, representada en Jeroboam II. Lo-ruhama, que significa en hebreo «no compadecida», presagia que el juicio divino carecerá de compasión. Y Lo-amí, que en hebreo es «no es mi pueblo», pone claramente de manifiesto el rechazo divino a Israel. El significado concreto de este nombre es que el pacto que se había establecido en el Sinaí quedaba definitivamente roto.

Sin embargo, esta sección de presagio y anuncio de juicio divino, no finaliza con esos mensajes de rechazo y juicio venidero, sino que culmina con unas palabras de esperanza y restauración (Os 1.10-2.1). Se insta al profeta a llamar al pueblo de Israel «Pueblo mío» y «Compadecida» (Os 2.1). De singular importancia en este singular tipo de estructura literaria es que el libro del profeta Oseas alterna las palabras de juicio con los oráculos de restauración (Os 2.14,23; 11.8-11; 14.4-8).

Infidelidad, castigo y restauración de Israel

Luego de iniciar la obra desde la perspectiva personal y familiar, Oseas pasa al análisis de la sociedad israelita y a revisar los pecados del pueblo. De acuerdo con el profeta, la sociedad está en franco deterioro y el pueblo está sumido en la desorientación espiritual. Y entre los temas que destaca en sus mensajes están los siguientes: el culto, los sacerdotes, la implantación de la justicia, la moral pública y privada, y las políticas nacionales. En efecto, el profeta presenta un cuadro nefasto y tétrico de las realidades cotidianas del pueblo, y ante la magnitud y gravedad de la crisis Oseas articula su mensaje de juicio y restauración. Y aunque la terquedad del pueblo es obstinada, repetida y continua, el Señor le llama continuamente, de acuerdo con el profeta, con «cuerdas de amor» (Os 11.4).

En el marco general de las críticas proféticas sobresalen las referencias a la idolatría del pueblo (Os 8.4-14), tema que se introdujo en la sección familiar de la obra (p. ej., Os 1.2-3.4). Era especialmente repugnante para el profeta ver la actitud sincretista del pueblo al no poder separar la adoración al Señor de los cultos idolátricos cananeos. Esa incapacidad de diferenciación puede ser un signo de lo profundo que estaban enraizadas las tradiciones de Baal en la sociedad israelita. Oseas rechaza, combate, repudia y critica públicamente esas prácticas porque constituyen actos de infidelidad y deslealtad al Dios del pacto. De acuerdo con el mensaje del profeta, el pueblo cayó bajo la influencia de los cultos cananeos, que imploraban al dios Baal la prosperidad y la bendición para sus ganados y cosechas.

En efecto, Oseas critica los diversos pecados del pueblo, entre los que se encuentran: apostasía, insinceridad, iniquidad, rebelión, idolatría, infidelidad, injusticia, obstinación, mentira y violencia. Son pecados y acciones que revelan la actitud irracional del pueblo ante los postulados básicos de la revelación en el monte Sinaí, y ponen de manifiesto el rechazo público y continuo de los principios éticos y morales que Dios mismo le dio a Israel en la revelación a Moisés.

Sin embargo, el mensaje final del libro de Oseas no es de juicio, sino un poema que llama al arrepentimiento. La respuesta divina a esa actitud de vuelta a Dios es la manifestación plena de la misericordia divina, que se revela en sanidad y prosperidad (Os 14.1-9). La expresión «volved al Señor» tiene en este libro una gran importancia (Os 3.5; 6.1; 7.10; 11.5; 12.6), pues contrapone las declaraciones proféticas de juicio con la naturaleza misericordiosa del Señor. Ese tipo de lenguaje teológico es característico, entre otras, de la literatura deuteronomista y de Jeremías (p. ej., Dt 4.29-31; 30.1-10; 1 R 8.33-34; Is 55.6-7; Jer 3.14, 22).

La palabra final del libro es esencialmente sapiencial. Intenta culminar la obra con una recomendación sabia y prudente: «Los caminos del Señor son rectos, por ellos andarán los justos, mas los rebeldes caerán en ellos» (Os 14.9). Ante el pueblo se pone una vez más la gran dicotomía de la vida: la gente justa obedece al Señor; sin embargo, las personas rebeldes tropiezan en la vida.

2. El libro de Joel

El segundo lugar en el canon de los profetas menores, o en el libro de los doce, corresponde a Joel, de quien no poseemos mucha información. De su obra literaria solo logramos descubrir que era hijo de un tal Petuel (Jl 1.1); carecemos de datos precisos en torno a su familia, en lo referente a su lugar de origen o sobre su edad al comenzar su tarea profética. Inclusive, no se especifica en su libro dónde vivió, ni a quienes presentó su mensaje, ni las fechas en las cuales llevó a efecto su labor ministerial. Esa falta de información, sin embargo, no desmerece la calidad, belleza, profundidad y pertinencia del mensaje profético de Joel.

El libro es pequeño pero su mensaje es de suma importancia teológica. Y esa importancia llegó a un nivel extraordinario y óptimo cuando, en el día de Pentecostés, Pedro cita una de sus profecías para indicar que ese mensaje de Joel se había cumplido con el derramamiento del Espíritu Santo a los cristianos que estaban reunidos en la ciudad Jerusalén, luego de la crucifixión y resurrección del Señor, en el aposento alto (Hch 2.16-21).

Para identificar el contexto histórico de los mensajes de Joel, a falta de datos literarios explícitos y concretos, la lectura cuidadosa descubre varios detalles, expresiones y conceptos que nos ayudan a ubicar el libro en su adecuado entorno social y político. Y esas expresiones, ideas y presupuestos apuntan hacia una fecha postexílica para la redacción final del libro de Joel.

La naturaleza del juicio divino que el profeta describe, y el uso de varias expresiones e ideas características del período del destierro, nos hacen suponer que la obra proviene de ese importante contexto de crisis y desolación luego del exilio de los líderes del pueblo a Babilonia. Las plagas y las destrucciones descritas pueden relacionarse muy bien con la catástrofe nacional que se pone de manifiesto en Judá y Jerusalén después de la extensa devastación efectuada por los ejércitos babilónicos liderados por Nabucodonosor. Inclusive, las alusiones a la venta de los esclavos de Tiro, Sidón, Filistea y Judá a los griegos (Jl 3.2-6) nos mueven a pensar que la obra debe ser ubicada en torno al 400 a. C. Y esta fecha de redacción del libro recibe aún más fuerza al notar que los mensajes no aluden a los reyes de Judá: solo mencionan a los ancianos, pues la institución de la monarquía ya para esa fecha había dejado de existir.

De singular importancia en los mensajes de Joel es su demostración de solidaridad con el grupo de los sacerdotes, que sienten el gran dolor de haber perdido el templo, que más que la estructura física, su grandiosidad y su estructura litúrgica, proveía el especio necesario para llevar a efecto los sacrificios y las ofrendas diarias (Jl 1.9), que eran parte integral del cumplimiento de la ley, y representaban las actividades religiosas en sus niveles óptimos. En este sentido, Joel no es parte del coro de los profetas preexílicos que critican vehementemente las actividades sacerdotales por la falta de sinceridad y eficiencia de sus labores, sino que les incentiva a llevar a efecto las ceremonias pertinentes para propiciar la manifestación de la misericordia y el amor de Dios (Jl 1.13-14).

El día del Señor

El libro de Joel se puede dividir en dos secciones mayores que se relacionan íntimamente por el tema del juicio divino. La primera sección presenta la devastación que producirá la manifestación extraordinaria del día del Señor, que en vez de ser signo de salvación y esperanza se transformó, por el pecado del pueblo, en ira divina (Jl 1.1-2.27). Es una sección con una muy clara estructura litúrgica. Prosigue la segunda parte del libro con el mismo tema del juicio; en esta ocasión, sin embargo, llegará a todas las naciones, pero habrá una liberación de Judá, que será precedida por una manifestación extraordinaria del Espíritu de Dios (Jl 2.28-3.21).

El tema general de la ira divina toma dimensión nueva en la forma del anuncio del día del Señor (Jl 2.1, 2, 31). Y la descripción poética del evento es significativa, intensa, gráfica, extensa y singular: el día del Señor estará lleno de tinieblas, oscuridad, espanto; será un evento dramático, espectacular, destructor. ¡La devastación del país será absoluta! El mensaje describe una mortal plaga de langostas que se comporta como un ejército de ocupación y conquista bien entrenado y violento. No quedará nada ante el paso hostil y devorador de esta temible plaga de insectos. El juicio divino, sin embargo, no finaliza con las temibles langostas, pues a esta calamidad le sigue una sequía intensa y grave que hiere mortalmente no solo la vegetación, sino que afecta adversamente también a todos los animales. Esta nueva crisis tiene repercusiones aun mayores, pues impide la realización plena de los sacrificios en el templo. Es decir, que la ira de Dios tocará y herirá la infraestructura de alimentación del pueblo, además de alterar los patrones cultícos y religiosos de la comunidad (Jl 1.9, 13, 16). En efecto, la vida física y espiritual del pueblo estaba en serio peligro.

Es en ese contexto de juicio divino y de devastación nacional que el profeta hace un llamado urgente a los sacerdotes para que convoquen al pueblo en asamblea (Jl 1.14; 2.15-16). El propósito es incentivar la manifestación de la misericordia divina mediante actos de contrición, oración y ayuno (Jl 2.13). Para el profeta, la gravedad de la crisis había llegado a su punto culminante; requería una demostración extraordinaria del amor de Dios, que solo se haría realidad con una demostración clara, firme y plena del arrepentimiento humano. El pecado humano había rebasado los límites de la aceptación divina y se requería, de acuerdo con Joel, una manifestación de contrición y humillación del pueblo.

Todas esas demostraciones del juicio divino, que es producto de la maldad del pueblo, llegarán también a las naciones paganas, pues se ponen en claro relieve en esta teología del profeta las dimensiones universalistas del Dios bíblico: el Señor es Señor y Juez absoluto de todo lo creado (Jl 1.15; 2.1-2). En efecto, el día del Señor es la manifestación más poderosa y destructora del juicio divino, que hará que a la gente se le empalidezcan los rostros ante tan grande demostración de la ira de Dios.

Sin embargo, el juicio divino no es el último mensaje del profeta al pueblo. Para la gente fiel, la que ha prestado atención al mensaje divino y ha vivido a la altura de las exigencias de Dios, ese temible día de oscuridad y muerte para las naciones y el pueblo infiel será también momento grato para la manifestación espectacular y plena del gozo y la restauración divina. ¡Todas las personas que invoquen el nombre del Señor serán salvadas! (Jl 2.32).

A las personas leales al Señor el profeta les indica que el futuro está saturado de maravillas, bendiciones, salud, bienestar, restauración y esperanza. Mientras el día del Señor es destrucción, tinieblas y congojas para los infieles, para las personas que demuestran compromiso con la voluntad del Señor se convierte en promesa de redención, en anuncio de salvación, en preámbulo del gozo, en prefacio al perdón y en claro anticipo de la manifestación plena de la misericordia y el amor de Dios (Jl 2.18-27; 3.18-24).

Uno de los mensajes más famosos e importantes de Joel se relaciona con la manifestación del Espíritu de Dios sobre todas las personas (Jl 2.28-32). Esta profecía de Joel anuncia la revelación extraordinaria del Espíritu sobre todo el género humano, que incluye hijos, hijas, ancianos, jóvenes, siervos y siervas. Esa visitación especial de Dios llegará a los diversos niveles de la sociedad, pues la acción divina no discrimina por razón de edades, género o trasfondo social. Esa nueva acción de Dios llegará al pueblo luego de la manifestación plena del juicio divino y del día del Señor. El día del Señor, para el profeta Joel, es una experiencia educativa que prepara a la comunidad para recibir y disfrutar la gracia y el amor divino.

Y en el contexto de juicio y misericordia de Dios, se incluye, entre las profecías de Joel, una de las piezas teológicas y poéticas más hermosas e importantes de la Biblia. Se trata del llamado intenso que hace el profeta al pueblo para que cambie sus caminos, para que se arrepienta, para que se convierta al Señor. Es un llamado sentido, «con ayuno, llanto y lamento» (Jl 2.12), que reclama abiertamente de los sacerdotes que convoquen al pueblo para propiciar ese tipo de arrepentimiento colectivo en el pueblo. ¡Solo la humillación nacional puede ver, mover y promover la misericordia divina!

3. El libro de Amós

De acuerdo con las narraciones de las Escrituras, Amós, además de ser un buen profeta, un paladín de la justicia y la voluntad divina, era un sencillo agricultor que provenía de la pequeña ciudad de Tecoa, como a diez kilómetros al sur de Belén, entre las montañas de Judá. Ese mundo rural, de trabajos, esfuerzos, contemplaciones y reflexiones personales, fue el entorno educativo que llevó a este profeta al reino del norte, Israel, para exponer la palabra de Dios y enfrentarse abiertamente al sacerdote Amasías, que lo acusa abiertamente se ser un traidor tanto al rey como a la nación (Am 7.14).

Dios llamó a Amós de los trabajos relacionados con el ganado y la agricultura, de acuerdo con el libro, y lo convirtió en profeta, en la tradición de sus antepasados que confrontaban al pueblo y sus líderes con la revelación de Dios (Am 7.15). No era Amós un profeta profesional ni participaba oficialmente en las actividades religiosas del templo. Sencillamente, recibió esta encomienda divina y salió de su casa en el reino del sur para instalarse momentáneamente en el reino de Israel y transmitir el mensaje del Señor, que no fue recibido con mucho agrado y disposición.

La tarea profética de Amós se llevó a efecto (c. 750 a. C.) durante el reinado de Jeroboam II (783-743 a. C.), que constituyó un período de gran prosperidad económica, triunfos militares y seguridad social, nacional e internacional. Sin embargo, ese período de comercio exitoso y abundancia y paz, que recordaba los años de David, en vez de incentivar la justicia social en el pueblo propició un ambiente de opresión que motivó los mensajes del profeta. No podía permanecer callado Amós ante tanta manifestación de injusticias, que hería abiertamente el corazón del pueblo de Dios.

De acuerdo con el mensaje de Amós, los pecados en el reino eran graves. En primer lugar, desde la perspectiva económica, la brecha entre los ricos y los pobres se ensanchó, trayendo un ambiente de impotencia y desasosiego en la comunidad. Los sectores más acaudalados de la sociedad no manifestaban solidaridad ni respeto hacia las necesidades del pueblo. Y a esas dinámicas adversas de injusticia social y económica debemos añadir dos factores adicionales de gran importancia política: el deterioro en los sistemas de justicia, por la corrupción de los jueces, y la ineficiencia de los tribunales (Am 2.6-7; 5.7-12); y la seria crisis en la infraestructura y programación religiosa, que había permitido el sincretismo rampante en los cultos y celebraciones litúrgicas (Am 5.26) y que carecía de profundidad y significación espiritual en la manifestación pública de la piedad del pueblo (Am 5.21-23).

Mensajes de juicio

El estudio cuidadoso de las profecías de Amós descubre en este libro profético tres secciones temáticas fundamentales. En primer lugar se encuentran los oráculos de juicio a las naciones vecinas de Israel, que ubican el ministerio del profeta en su entorno internacional (Am 1.1-2.5). A esos mensajes le sigue el corazón del libro: los juicios, las denuncias, los reproches, las amenazas y las visiones de castigo al pueblo de Israel (Am 2.6-9.10). Culmina la obra con un importante mensaje en torno a la futura restauración de Israel (Am 9.11-15).

Era característico entre los profetas incluir una sección de mensajes de juicio a las naciones vecinas (Am 1.3-2.16) como parte de sus oráculos al pueblo de Israel (p. ej., Is 13.1-23.18; Jer 46.1-51.64; Ez 25.1-32.32; Sof 2.4-15). Ese tipo de predicación de juicio a los enemigos era fuente de esperanza nacional. En esta ocasión, Amós fundamenta sus mensajes en la crueldad que esos pueblos manifestaban durante las guerras. Entre los pueblos incluidos en estos oráculos se encuentran los siguientes: Damasco, Gaza, Tiro, Edom, Amón y Moab. Al final del mensaje el profeta incluye también a Judá e Israel para poner claramente de manifiesto que sus pecados no le eximían de la manifestación próxima del juicio divino. La estructura literaria en estos pasajes es reveladora: «Por tres pecados de... y por el cuarto, no revocaré su castigo» (Am 1.3, 6, 9, 11, 13; 2.1, 4, 6), pues firma que ya el Señor se ha cansado del pecado de todos estos pueblos.

La segunda sección de libro trata directamente de los pecados de Israel y del juicio divino que le corresponde. Los oráculos de juicio a las naciones llegan a su clímax con esta presentación. En esta ocasión, sin embargo, la crítica profética no se fundamenta en los pecados de violencia contra otras naciones, sino que reprocha las actitudes del pueblo contra los miembros de su misma comunidad. De particular importancia en esta sección es la crítica a la opresión de la gente pobre, la corrupción de los jueces y el sincretismo religioso. El profeta hace burla de esas acciones impropias y pecaminosas.

A la presentación del juicio divino le siguen una serie intensa de seis denuncias y amenazas proféticas contra Israel (Am 3.1-6.14). Las primeras tres comienzan con el verbo «oír» (Am 3.1; 4.1; 5.1), que revela el deseo divino de comunicación efectiva; las segundas, con la expresión «ay», que subraya la naturaleza de la crisis (Am 5.7, 18; 6.1). Como parte de esta sección de la obra se incluye un pensamiento clave en el profeta. Se afirma la teología de la elección divina (Am 3.2), que enfatiza la singular encomienda que tiene el pueblo de Israel entre las naciones del mundo, lo que les hace más responsables de sus acciones.

Ese «privilegio» de ser «pueblo escogido» conlleva cumplir fielmente con la voluntad de Dios, cosa que critica seriamente el profeta Amós. Y el desconocimiento y rechazo, o la incapacidad de aprender del pueblo (Am 4.4-13) en torno a esa singular responsabilidad es el fundamento básico del juicio divino que trae la destrucción de Samaria (Am 3.9-4.3) y de todo Israel (Am 6.1-14).

La sección que prosigue mantiene el tema del juicio divino (Am 7.1-9.10) y lo desarrolla aun más. En esos mensajes, sin embargo, el medio de comunicación son cinco visiones de Amós, en las cuales el juicio divino aparece representado por diversas figuras llenas de simbolismo: la invasión de las langostas (Am 7.1), el fuego consumidor (Am 7.4), la plomada del albañil (Am 7.7), el canastillo de fruta de verano (Am 8.1) y la destrucción del santuario (Am 9.1).

La sección final del libro toca nuevamente el tema de la esperanza (Am 9.11-15). Se trata esencialmente de una firme promesa de salvación, que incluye la restauración de la casa de David, la fertilidad de la tierra, el retorno del exilio y el regreso a la Tierra Prometida. Este mensaje, que tiene antecedentes en la exhortación al arrepentimiento que le hizo Amós al pueblo (Am 5.1-27), confirma el propósito de la profecía: la finalidad de los profetas al presentar sus mensajes no es la destrucción total de las naciones, sino incentivar su arrepentimiento para poder ser objetos de la misericordia y el perdón de Dios. Por esa razón teológica se incluyen, de forma reiterada, las exhortaciones a la penitencia y la contrición entre los mensajes de juicio. No desea Dios, según estos libros proféticos, la aniquilación definitiva de los pueblos e individuos, sino que le interesa que procedan al arrepentimiento.

4. El libro de Abdías

El libro de Abdías es el cuarto en el orden canónico de los profetas menores y en el libro de los doce. Por la brevedad de su mensaje, las referencias y los detalles en torno a la persona del profeta son extremadamente escasos. Y los diversos intentos por descubrir algunas pistas en la obra que nos permitan conocer mejor al profeta y su contexto histórico no han dado muchos frutos. Posiblemente Abdías presentó su mensaje en el reino del sur, Judá, luego del período exílico, quizá por el s. v a. C.

La obra literaria de Abdías es corta, precisa, directa, firme y clara. Su objetivo es presentar un apasionado mensaje de rechazo y reproche al pueblo de Edom por su falta de solidaridad y su traición durante la crisis en Judá, que es una posible referencia a la devastación causada por los ejércitos babilonios en el 587 a. C. Es un anuncio del castigo que recibirán los edomitas por la violencia que llevaron a efecto contra su hermano «Jacob» (Abd 1), en alusión al pueblo de Israel, específicamente en contra de los ciudadanos del reino de Judá y de la ciudad de Jerusalén.

El contexto histórico de la obra es la actitud del reino de Edom y sus líderes ante las amenazas y la invasión babilónica de Jerusalén. Al principio los edomitas consintieron unirse a Judá para presentar un frente común contra los planes y la avanzada de los ejércitos de Nabucodonosor. Sin embargo, en el fragor de la batalla, cuando más necesitaba el reino del sur el apoyo político y militar de las naciones vecinas, Edom les traicionó, uniéndose al ejército invasor para derrotar y conquistar la ciudad de Jerusalén y su reino. En efecto, los edomitas, al ver el poder destructor de los babilónicos, decidieron olvidar sus acuerdos previos y alianzas, unirse al ejército vencedor y contribuir de esa forma a la destrucción de la ciudad de Jerusalén y de su templo. De acuerdo con el profeta Abdías, los edomitas saquearon la ciudad de Jerusalén y se repartieron las tierras del reino de Judá.

Edom era un reino al sureste de Judá, entre el mar Muerto y el golfo de Aqaba (Gn 36.6-8). Posiblemente por lo inaccesible del lugar, que estaba muy bien protegido por montañas, sus habitantes habían desarrollado un sentimiento de seguridad y orgullo que el profeta critica, reprocha y rechaza. El corazón del mensaje de Abdías no solo es nacionalista, sino de un gran valor ético: las naciones (como también los individuos) reciben las consecuencias de sus acciones.

Abdías incluye en su mensaje una referencia directa al día del Señor (Abd 15), que para los profetas preexílicos era signo de juicio, destrucción, desolación y condenación. Luego del exilio, sin embargo, el concepto adquirió nuevas comprensiones y entendimientos por la destrucción de la ciudad de Jerusalén a manos de Nabucodonosor. Ese día, entonces, se convirtió en símbolo de esperanza, restauración, liberación y futuro (Jl 3.1-21). En ese día del Señor se manifestará de forma extraordinaria la redención del pueblo de Israel y se manifestará con fuerza el juicio definitivo a las naciones enemigas del pueblo de Dios (Abd 15, 19-20). Esa manifestación de la ira divina, y también de la misericordia de Dios, se extenderá desde Jerusalén hacia los cuatro puntos cardinales de la tierra. La palabra final del profeta es decisiva: «¡El reino será del Señor!» (Abd 21).

De acuerdo con las narraciones del libro de Génesis, la enemistad entre la tribu de Judá y Edom proviene de tiempos ancestrales: Edom es descendiente de Esaú, y Judá se relaciona con Jacob (Gn 25.30; 32.28). Y esa enemistad histórica se magnifica en el período exílico, como lo demuestra la lectura y el análisis de varias porciones bíblicas de esa época (véase, p. ej., Sal 137.7; Is 34.1-17; Lam 4.21; Ez 25.12-14).

Esta obra no presenta una estructura literaria compleja y puede estudiarse en tres secciones básicas:

- La humillación y el juicio a Edom (Abd 1-14)
- La manifestación del día del Señor y el juicio a las naciones (Abd 15-18)
- La restauración y exaltación de Israel (Abd 19-21)

5. El libro de Jonás

El libro de Jonás es esencialmente la presentación de una serie de eventos y episodios en la vida del profeta que requieren reflexión y análisis de parte del lector u oyente del mensaje. Tradicionalmente los libros proféticos en la Biblia presentan predicaciones, oráculos y declaraciones teológicas. El caso de Jonás, sin embargo, aunque se alude en una ocasión al mensaje que anunció en la ciudad de Nínive (Jon 3.4), el énfasis fundamental de la obra es presentar la vida y las acciones del personaje, más que la articulación de sus dichos y profecías.

Respecto al trasfondo familiar y personal de Jonás, el libro no brinda muchos detalles. La referencia directa y específica a que se trata del hijo de Amitai (Jon 1.1) nos refiere a la narración que se encuentra en el libro de los Reyes (2 R 14.23-25), por la cual sabemos que el profeta Jonás vivió en la época en que Jeroboam II era el monarca en el reino del norte, Israel (783-743 a. C.). El lugar preciso de su nacimiento no es conocido, aunque no faltan las conjeturas.

El mensaje de Jonás es uno: el juicio de Dios que se manifiesta de forma inminente en contra de la ciudad de Nínive, la capital del imperio asirio, que en el 721 a. C. conquistó Samaria, destruyó el reino de Israel y llevó al exilio a muchos de sus ciudadanos (2 R 14.1-23). Esa ciudad, con el tiempo, también fue conquistada y destruida (612 a. C.), corroborando los mensajes proféticos de destrucción pronunciados por profetas como Nahúm (Nah 1.4-3.19) y Sofonías (Sof 2.13-15).

Por las políticas militares, guerreras, imperialistas y expansionistas que los asirios llevaron a efecto, la ciudad de Nínive se convirtió en símbolo de hostilidad, enemistad, violencia y crueldad contra el pueblo de Dios (Nah 1.1; 2.13-3.19). Nínive es vista por los profetas como signo óptimo del pecado y la maldad. Y el mensaje de Jonás representa elocuentemente esa tradición profética de juicio contra los enemigos tradicionales del pueblo de Israel.

La narración de la obra

De acuerdo con el relato bíblico, el profeta Jonás es llamado y comisionado por Dios a predicar el juicio y la destrucción de la ciudad de Nínive. Pero ante ese reclamo divino, que presuponía la capacidad del pueblo de proceder al arrepentimiento y recibir el perdón y la misericordia del Señor, el profeta rechaza definitivamente la encomienda. En lugar de viajar al este, con destino a Nínive, se embarca hacia el oeste, en sentido opuesto, hacia la ciudad de Tarsis, que representa el lugar conocido más distante al cual se podía llegar en barco por el mar Mediterráneo. Quizá se trata de la isla de Cerdeña o es una posible alusión a alguna ciudad en la región suroeste de España. Lo que quería el profeta era «escapar de la presencia del Señor» (Jon 1.3).

En la travesía le sorprende una tormenta en alta mar, y cuando todos los navegantes estaban en peligro de zozobrar y perecer se descubre, echando suertes, según el relato escritural, que el causante de la catástrofe era Jonás, que accede humildemente a ser echado por la borda al mar (Jon 1.11-12). Sin embargo, en vez de perecer ahogado, un gran pez se traga a nuestro personaje, que se humilla en oración ante Dios desde el vientre del pez, y ante quien presenta una súplica intensa y extraordinaria (Jon 1.17-2.10).

Finalmente, Jonás llega de forma milagrosa a la ciudad de Nínive, predica la palabra divina y el pueblo procede al arrepentimiento. Y ante tal manifestación de amor perdonador de Dios, el profeta se queja. En efecto, sus sospechas y preocupaciones se habían hecho realidad: el pueblo se arrepintió y Dios lo perdonó, y la palabra que Jonás había proclamado como inminente, segura y divina no se cumplió. El éxito de Jonás como predicador lo convirtió en un profeta cuyas palabras no se cumplieron. Entonces Dios le enseñó a Jonás, de acuerdo con la narración, el valor de las personas y el poder de la misericordia divina. Lo más importante para Dios es el ser humano y su necesidad.

Jonás representa en las Escrituras todo lo que no deben hacer los profetas: huir de le presencia del Señor, rechazar la comisión de Dios, negarse a proclamar la palabra divina a un pueblo cautivo y en necesidad, cuestionar la sabiduría del Señor, rechazar la posibilidad del arrepentimiento. Esas acciones temerarias de Jonás, tienen algún precedente en las Escrituras, pues Moisés, Elías y Jeremías respondieron inicialmente de forma negativa al llamado del Señor; sin embargo, ninguno de ellos llevó al extremo esos reparos iniciales a la vocación profética.

Posiblemente esta obra representa el pensamiento de muchos israelitas luego del exilio, que desarrollaron un sentido de exclusividad nacionalista al cual el mensaje de Jonás responde. La salvación, para este tipo de pensamiento religioso excluyente, es un privilegio otorgado por Dios exclusivamente al pueblo judío. Ese sentimiento, incentivado quizá por las crisis nacionales y por algunas respuestas teológicas a esas calamidades, no tiene cabida en la teología que se expone en el libro de Jonás, que es una muestra de lo que no deben hacer los profetas y de las teologías que deben afirmar, celebrar, incentivar y promover.

El plan divino de redención, de acuerdo con las Escrituras, tiene repercusiones universales; y llega, en el lenguaje del libro de Jonás, hasta los ninivitas, que representan los enemigos acérrimos del pueblo de Dios. En efecto, el Señor no hace distinción o acepción de personas cuando se trata de la ejecución de su plan de salvación para la humanidad. ¡Le tomó tiempo a Jonás reconocer ese valor universalista de la revelación divina! En efecto, las promesas divinas no están cautivas en las nacionalidades, en las etnias o en las fronteras de los pueblos; por el contrario, donde quiera que se manifieste una necesidad humana, la misericordia de Dios está disponible y presta a ponerse claramente de manifiesto.

La fuerza espiritual, emocional y sicológica que se pone de relieve en el libro de Jonás se relaciona precisamente con esa incapacidad del profeta para entender la naturaleza y extensión del amor divino. A nuestro personaje se le hacía extremadamente difícil comprender la extensión del amor de Dios, que llega a judíos y gentiles por igual. La obra se presenta con un gran sentido del humor, pues ridiculiza y se burla de esas acciones irracionales e imprudentes del profeta.

Ese mensaje de renovación teológica y espiritual tomó aún más fuerza histórica en las enseñanzas y los mensajes de Jesús de Nazaret, que prosiguió con las implicaciones de este tipo de teología universalista que se revela en el libro de Jonás. Para Jesús, y para los primeros evangelistas, la revelación de Dios debía llegar a la gente en necesidad, sin importar el trasfondo cultural, religioso, étnico, lingüístico, educativo, racial o de género. Las personas que reconocen su condición pecaminosa y quieren superar esas dinámicas de cautiverio espiritual, y se arrepienten, tienen acceso gratuito, directo y grato al perdón divino y a la redención (Jon 1.16; 3.10; 4.10-11; Jer 18.8; Ez 18.23, 32-32).

De singular importancia es la referencia que hace Jesús al libro de Jonás (Mt 12.40). Cuando algunos fariseos y escribas le piden que haga una señal milagrosa que corrobore y demuestre su ministerio mesiánico, el Señor responde, según el Evangelio de Mateo, que no tendrían más señales que la de Jonás. De esa forma Jesús relacionó su muerte con la experiencia del profeta. El vientre del pez y la tumba no pueden detener la manifestación plena de la voluntad de Dios en medio de la historia humana.

La estructura literaria del libro es sencilla, pues pude dividirse en cuatro secciones fácilmente identificables.

- Jonás huye del Señor (Jon 1.1-16)
- La oración en el vientre del pez (Jon 1.17-2.10)
- La ciudad de Nínive se arrepiente (Jon 3.1-10)
- Jonás se enoja por el arrepentimiento del pueblo (Jon 4.1-11)

6. El libro de Miqueas

El profeta Miqueas, de acuerdo con su libro (Miq 1.1), es contemporáneo de Isaías, Oseas y Amós, en el s. VIII a. C., y llevó a efecto su misión en el reino del sur, Judá, aunque también dirige algunos de sus oráculos al reino del norte, Israel. Y proviene de la ciudad de Moreset, que está ubicada como a cuarenta kilómetros al suroeste de Jerusalén. Miqueas se crió específicamente en la región conocida como Sefela, que era una sección fértil y de montes bajos en Palestina, y que estaba enclavada muy cerca de las llanuras costeras que llegan al mar Mediterráneo.

Ese contexto rural, que estaba además a cierta distancia de las dinámicas políticas y religiosas de Jerusalén, le permitió el profeta comprender y rechazar las actitudes despóticas, irrespetuosas, arrogantes y prepotentes de quienes querían despojarlos de sus posesiones y tierras (Miq 2.2). En ese particular entorno agrícola se forjó su personalidad, fueron creciendo sus reflexiones teológicas, se desarrolló su pensamiento religioso, se nutrió su análisis social y se gestó su vocación profética.

El mensaje de Miqueas

La lectura cuidadosa del libro del profeta Miqueas pone de manifiesto, por lo menos, tres partes fundamentales. Y en esas tres secciones el mensaje de juicio contra Israel y Judá va desarrollándose de forma paulatina hasta llegar a la afirmación del reinado del Señor y celebrar la misericordia divina. Sus preocupaciones básicas, al igual que el resto de los profetas del s. VIII a. C., tienen un marcado énfasis social, pues responden al momento histórico en que los reinos del norte y del sur, por la prosperidad económica y la paz social, habían olvidado sus responsabilidades hacia los sectores más desventajados y desposeídos de la sociedad.

La primera sección del libro (Miq 1.1-3.12) presenta el mensaje de juicio de Dios contra Israel y Judá, en la cual sobresalen las amonestaciones y las críticas sociales. Los temas mayores son los siguientes: el lamento sobre Samaria y Jerusalén; el reproche a quienes oprimen al pueblo; y la acusación a los dirigentes de Israel. En efecto, son mensajes firmes y fuertes en contra de la injusticia en sus diversas manifestaciones. De singular importancia es el rechazo profético a los gobernantes y poderosos (Miq 3.1-3), las decisiones injustas que provienen de las cortes y de los jueces (Miq 3.9-10) y la infidelidad y corrupción de los sacerdotes y los profetas (Miq 3.12).

Esa actitud pecaminosa del pueblo en general, pues proviene de los sectores políticos, jurídicos y religiosos, es la razón fundamental del juicio definitivo de Dios. Jerusalén, que junto con el templo representa la presencia de Dios en medio del pueblo, será destruida de forma extraordinaria. El lenguaje que se usa para describir esa devastación es gráfico e intenso. De acuerdo con el profeta, la llamada «ciudad santa» sería arrasada y quedaría repleta de ruinas, angustias y dolores. Ese mensaje pictórico de Miqueas debe haber impresionado mucho al pueblo y a sus líderes, pues como un siglo después el profeta Jeremías lo utiliza nuevamente para poner de manifiesto su mensaje (Jer 26.18).

La sección siguiente del libro (Miq 4.1-5.15) mueve el tema del juicio divino a una época de esperanza y restauración en la cual se manifestará el reinado universal de Dios. El objetivo profético es contrarrestar el mensaje de juicio previo con algunas palabras de futuro y renovación. La transformación del pueblo será de tal magnitud que las naciones reconocerán a Israel y Judá como instrumentos divinos, pues se convertirán en agentes educativos y de salvación universal. De acuerdo con el profeta, desde el monte de Dios saldrá la palabra educativa que bendecirá a las naciones. Estos mensajes, en efecto, ponen claramente de manifiesto la teología universalista del libro. El objetivo final es que se transformen las armas bélicas en instrumentos agrarios. La conversión hará que las armas de la muerte se conviertan en proyectos de vida y restauración (Miq 4.2).

La última sección mayor del libro (Miq 6.1-7.20) orienta el mensaje profético específicamente hacia el reino del norte, Israel. El análisis del texto revela la amargura del profeta al notar que el pueblo responde con infidelidades a las manifestaciones de la misericordia divina. Y el profeta hace la pregunta fundamental de la existencia humana: ¿por qué en la vida triunfa la maldad? (Miq 6.10-7.6).

La frustración del profeta se nota claramente al ver la corrupción moral del pueblo y sus líderes, al notar que la amistad verdadera se esfuma, al percatarse de que la justicia se compra y se vende, al ver que la desconfianza hiere los matrimonios, al comprender que todos esos factores hieren la fibra más honda e íntima de la sociedad (Miq 7.1-6).

Sin embargo, como última palabra profética no está el tono de la amargura ni el sentido de la desesperanza. Más fuerte que todas esas calamidades sociales, políticas, jurídicas, religiosas y familiares se alza potente la esperanza que emana de un Dios extraordinario y liberador. De acuerdo con el profeta Miqueas, Dios tendrá misericordia del «remanente» fiel que supere las dificultades que se relacionan con la manifestación del juicio divino (Miq 7.8). El Dios de Miqueas es el Señor de la misericordia y el amor (Miq 7.18), que estará con el pueblo y lo pastoreará como en los tiempos antiguos, cuando le sacó de las tierras de Egipto (Miq 7.14-20). La palabra final de Miqueas al pueblo es que su Dios es el mismo Señor que intervino de forma liberadora en Egipto y en el monte Sinaí hasta llevarlos a las tierras de Canaán.

La siguiente estructura del libro facilitará su estudio y comprensión:

- El juicio de Dios contra Israel y Judá (Miq 1.1-3.12)
- La manifestación del reinado universal de Dios (Miq 4.1-5.15)
- La corrupción del pueblo y la manifestación de la misericordia divina (Miq 6.1-7.20)

7. El libro de Nahúm

Referente al profeta Nahúm la única información disponible que tenemos a nuestra disposición se encuentra en el libro que lleva su nombre. Solo sabemos que nació en la ciudad de Elcos (Nah 1.1), pero no se brindan datos en torno a la edad, la familia o el contexto histórico del mensaje. Inclusive, la localización precisa de Elcos está en disputa, pues aunque posiblemente se trata de una de las ciudades de la Sefela de Palestina, entre las montañas y las llanuras que llevan al Mediterráneo, algunos estudiosos sugieren que puede ubicarse en el norte, en Galilea, en el lugar donde posteriormente se estableció en pueblo de Capernaún, que literalmente significa ciudad de Nahúm.

La lectura de su mensaje, que tiene como elemento unificador el juicio a Nínive, da la impresión de que el libro fue editado alrededor de la fecha de destrucción de la capital de Asiria, en el 612 a. C. Ese fue el año en que la alianza babilónica entre los grupos medos y los caldeos logró alcanzar sus frutos militares al derrotar definitivamente a Asiria y conquistar su capital. Y el libro del profeta Nahúm presupone que esa destrucción y conquista está próxima a suceder, o por lo menos se había llevado a efecto solo unos años antes.

Las profecías de Nahúm revelan el sentimiento común de hostilidad contra los asirios que había en el Oriente Medio antiguo. Y ese resentimiento internacional contra Asiria, del cual el mensaje de Nahúm se hace eco, se fundamenta en las políticas guerreras e imperialistas que habían llevado a efecto en la región esos ejércitos imperiales. Sometían a los pueblos conquistados a las más intensas humillaciones y vejaciones, que incluía la deportación de grandes sectores de su población (2 R 17.3-6). Posiblemente por esa fama de nación belicosa y violenta el profeta Nahúm pronuncia este intenso discurso de juicio y destrucción, que es una manera de afirmar la esperanza en el pueblo de Judá, que había sufrido ante esas políticas expansionistas de Asiria (2 R 18.13-37).

El mensaje de juicio

Por la brevedad del mensaje y la elaboración de un solo tema, es posible que el libro contenga la profecía que Nahúm presentó en un momento específico. Quizá se trata de un tipo de discurso que se brindaba en el contexto militar, cuando los reyes llamaban a los profetas para que maldijeran a los enemigos: esa era una buena manera, se pensaba, de levantar la moral a los combatientes antes de comenzar las batallas. Otra posibilidad es que el mensaje se haya presentado en algún festival del pueblo en el templo. Independientemente del contexto original, la enemistad contra los asirios genera en el profeta una pasión extraordinaria que se pone en evidencia al leer los poemas.

El libro consta de tres partes básicas que están unidas por el tema del juicio divino a la ciudad capital de Asiria, Nínive, que era famosa no solo por su poderío militar, sino por las riquezas que habían obtenido saqueando los pueblos conquistados (Is 10.5-34; 14.24-27; Sof 2.13-15).

La primera sección (Nah 1.1-14) articula un poema en torno a la ira vengadora de Dios. En la segunda (Nah 1.15.2.12) se desarrolla el tema de la caída inminente de Nínive. La parte tercera y final (Nah 2.13-3.19) elabora aún más el tema del juicio, y presenta la destrucción definitiva de la capital de Asiria.

Luego de los breves datos iniciales en torno al profeta (Nah 1.1), el libro incluye un cántico de alabanzas a Dios que no deja sin castigo a las naciones que actúan con injusticia en el mundo (Nah 1.2-14). El juicio de Dios no se fundamenta en el capricho ni en la irracionalidad, sino en la implantación de la justicia y la afirmación de la rectitud que se desprende de la naturaleza santa del Señor. Se trata de un poema muy bien pensado y redactado, pues revela la gran calidad literaria del autor al utilizar el artificio alfabético para exponer sus ideas.

Este poema ensalza elocuentemente el poder divino y le canta a la gloria del Señor, pues su poder no tiene comparación con las fuerzas humanas o de la naturaleza (Nah 1.3b-6). El pueblo no debe temer, pues el Dios de Israel tiene la capacidad y el compromiso de protegerlos de los asirios, que constituían una muy seria amenaza nacional e internacional. Este mensaje presupone que el Dios de Israel tiene poder sobre las naciones paganas, una teología universalista de gran importancia en la Biblia; especialmente en esta ocasión, pues indica que Dios tiene autoridad y poder sobre los ejércitos asirios, que serán derrotados de forma definitiva y total.

Las secciones segunda y tercera del libro (Nah 1.15-2.12; 2.13-3.19) ponen de relieve la caída definitiva de la capital asiria. En esta ocasión las grandes capacidades literarias del profeta se manifiestan de forma óptima una vez más, pues la lectura del mensaje, llena de metáforas, imágenes y gran sonoridad, evoca el sonido de los carros de guerra, el galopar de los caballos y las dinámicas del combate (Nah 3.3-4).

La descripción de la destrucción es gráfica, patética, sentida e intensa: «Vacía, agotada y desolada está, y el corazón desfallecido; temblor de rodillas, dolor en las entrañas, rostros demudados» (Nah 2.10). El propósito poético es comunicar el avance incontrolable de los ejércitos vencedores, y la finalidad teológica es afirmar el juicio divino que produce la destrucción de los enemigos del pueblo de Israel. La destrucción y caída del imperio asirio, para el profeta, es ya una realidad.

La sección final (Nah 2.13-3.19) culmina el trío de mensajes de juicio de forma extraordinaria: la ciudad sanguinaria, Nínive, será destruida (Nah 3.1), y quienes escucharon la noticia de esa destrucción definitiva se llenarán de regocijo (3.18-19).

La palabra que culmina la obra es significativa. Se trata de una pregunta retórica: ¿sobre quién no ha pasado sin tregua tu maldad? (Nah 3.19). La justicia de Dios se manifiesta en el momento oportuno para responder con el juicio divino a la maldad humana.

8. El libro de Habacuc

En torno al profeta Habacuc la Biblia alude solo en dos ocasiones a su nombre (Hab 1.1; 3.1), y en lo referente a su contexto histórico, social, político y familiar no se dice nada. Sin embargo, de la lectura de su mensaje se pueden deducir algunos detalles históricos que nos permiten ubicar su profecía dentro de la historia del pueblo de Israel. Las referencias despectivas y adversas a los caldeos (Hab 1.6) posiblemente son indicaciones de que el profeta llevó a efecto su ministerio alrededor de la destrucción del Imperio asirio y la caída de su ciudad capital, Nínive (612 a. C.).

Algunos estudiosos, sin embargo, prefieren ubicar la tarea profética de Habacuc algunos años después de esa fecha, para relacionar su mensaje con la llegada al poder en Babilonia del rey Nabucodonosor (605 a. C.; Jer 25.1), y también con el año de la caída de la ciudad de Jerusalén (597 a. C.; 2 R 24.10-12). De todas formas, Habacuc profetizó en un contexto de opresión y violencia internacional que puso de manifiesto la maldad, la opresión y la violencia humana. Para el profeta, la palabra del Señor respondía a los complejos interrogantes que surgen de las manifestaciones cotidianas de esas calamidades nacionales e internacionales.

El libro del profeta Habacuc es corto, pero articula varios temas de importancia teológica. Su estructura literaria y temática puede ser una guía para analizar el contenido de la obra. En esencia, la obra manifiesta los siguientes seis temas básicos:

- La queja del profeta (Hab 1.1-4)
- Los caldeos castigarán a Judá (Hab 1.5-11)
- Habacuc protesta (Hab 1.12-17)
- El Señor responde (Hab 2.1-5)
- Los «ayes» contra los injustos (Hab 2.6-20)
- La oración del profeta (Hab 3.1-19)

En primer lugar, el libro presenta la queja del profeta por las injusticias a las que el pueblo está expuesto (Hab 1.1-4). Le sigue la afirmación de que los caldeos serán instrumentos divinos para llevar a efecto el castigo de Judá (Hab 1.5-11). El profeta entonces protesta por la acción de Dios ante la crisis (Hab 1.12-17). Los mensajes continúan con las respuestas divinas a los interrogantes de Habacuc (Hab 2.1-5). Una serie de «ayes» contra las personas injustas prosiguen con el desarrollo temático del libro (Hab 2.6-20), para finalizar con una muy importante y sentida oración del profeta Habacuc (Hab 3.1-19).

El profeta, que es testigo de los actos de violencia e injusticias a la que el pueblo es sometido diariamente, dialoga con el Señor e inquiere en torno a los orígenes de la maldad, pregunta sobre las causas de esas actitudes pecaminosas. Las preguntas son agudas y penetrantes: ¿hasta cuándo, Señor, hasta cuándo? (Hab 1.2-4). Son interrogantes que surgen de lo más profundo del alma humana al ver las injusticias, los dolores, las calamidades, los desmanes, las angustias, los problemas, las desesperanzas y los clamores de quienes sufren continuamente las manifestaciones reales de las desigualdades sociales, económicas y políticas de la sociedad.

El Señor responde con firmeza y autoridad: la maldad recibirá su merecido, y el instrumento divino para ejecutar el juicio anunciado será el pueblo caldeo al que, de acuerdo con el profeta Habacuc, le caracterizaba la crueldad (Hab 1.5-11). Ante la injusticia nacional Dios levantó una potencia internacional. Esa respuesta pone de relieve la teología del profeta, que afirma que Dios es el Señor del universo y las naciones, y que tiene la capacidad y el deseo de utilizar a las diversas naciones del mundo para ejecutar su voluntad en medio de la historia humana, tanto en Israel como en Judá.

El Señor añade, según el mensaje de Habacuc, que aunque los caldeos ejecutaran el plan divino, con el tiempo, también recibirán su merecido por las acciones injustas y violencias que llevaron a efecto. Cuando llegue el momento preciso, es decir, cuando triunfe el bien y la justicia, los caldeos serán finalmente abatidos y derrotados, pues Dios no deja impune a quienes actúan con injusticia en la vida.

Ese es el contexto teológico del libro para afirmar la importancia de poner la confianza en el Señor, pues la arrogancia humana y la soberbia de los pueblos serán objetos claros del juicio del Señor. En efecto, ese es el entorno literario y espiritual para poner claramente de manifiesto una extraordinaria afirmación bíblica y teológica: «El justo por la fe vivirá» (Hab 2.4), que es una manera teológica de enfatizar la importancia de la fidelidad a Dios ante las grandes adversidades de la vida.

Respecto a esta importante afirmación, es menester indicar que la palabra que nuestras Biblias traducen como «fe» en realidad transmite las ideas de fidelidad, confianza y lealtad. El mensaje profético indica que lo que produce vida en la humanidad es la fidelidad que se demuestra a la palabra divina, la confianza que se manifiesta en la revelación de Dios y la lealtad que se vive ante la voluntad del Señor. Esa fue la razón fundamental por la cual el apóstol Pablo utilizó este versículo para afirmar que la persona que ha sido justificada por la fe gozará de la vida plena que proviene directamente de Dios (Rom 1.17; Gl 3.11).

La obra culmina con una oración de gran valor espiritual y moral (Hab 3.1-19). Se trata de un salmo que pone de relieve el triunfo definitivo del Señor; es un poema que declara la victoria divina; es un cántico de futuro y seguridad; y es un clamor que tiene paralelos con algunos salmos canónicos (Sal 18.1-50; 68.1-35). El Señor llega triunfante desde el sur y avanza de forma decidida, y a su paso victorioso hasta la naturaleza se conmueve.

En medio de ese clamor poético y profético Habacuc implora a Dios que «avive su obra en medio de los tiempos» (Hab 3.2), que es una manera figurada de pedirle a Dios que repita los actos salvíficos de la liberación del pueblo de Israel de las tierras de Egipto (Ex 3.1-15.21). Esta oración al final del libro es en efecto un salmo, como demuestra la introducción, que tiene una posible indicación musical, *sigionot*, y lo confirma la terminación, que incluye una clara referencia al Salterio: «Al jefe de los cantores. Para instrumentos de cuerdas» (Hab 3.19).

9. El libro de Sofonías

Referente a Sofonías, su libro presenta la información familiar más extensa de toda la literatura profética: se alude a cuatro generaciones de sus antepasados. En efecto, la obra comienza con la indicación de que el profeta es hijo de Cusi, Gedalías, Amarías y Ezequías (Sof 1.1), posiblemente para poner de manifiesto su importante trasfondo familiar. Ese Ezequías, al cual se alude en la introducción, no es el rey de Judá, pues de haberlo sido el monarca se le hubiese incluido el título real, como era la costumbre; además, era un nombre bastante común en esa época. No tenemos a nuestra disposición información alguna que indiqué detalles adicionales en torno a las fechas y contextos históricos, políticos, sociales y religiosos de sus mensajes.

De acuerdo con su libro, Sofonías llevó a efecto su ministerio durante el reinado de Josías en Judá (640-609 a. C.). Esa época se caracterizó por los cambios, las transiciones, las renovaciones, las revisiones… El pueblo, que había sufrido intensamente las políticas adversas e imprudentes de Manasés y Amón (2 R 21-26), necesitaba un proceso de restauración moral, espiritual y social del cual el profeta Sofonías, posiblemente, fue parte. Esas dinámicas sociopolíticas en el reino del sur, Judá, dieron paso a las famosas y muy importantes reformas de Josías (622 a. C.), que surgen, según el testimonio bíblico, cuando se «descubre» el olvidado libro de la ley en el templo (2 R 22.3-23.25; 2 Cr 34.8-35.19).

De la lectura de los mensajes de Sofonías se desprende que posiblemente su ministerio se llevó a efecto antes del comienzo de esas importantes reformas, pues sus oráculos se pueden relacionar mejor con las dificultades sociales, morales, políticas, religiosas y espirituales que precedieron a ese movimiento renovador en el pueblo. Además, no se notan en sus predicaciones referencias directas o inclusive alusiones indirectas a las obras de renovación que llevó a cabo Josías. Por estos detalles históricos, teológicos y textuales pensamos que el libro proviene de los años 630-625 a. C.

El día del Señor

El corazón del mensaje de Sofonías es el día del Señor, tema que ya ha sido expuesto por otros profetas bíblicos (p. ej., Am 5.18-20). Para este profeta se trata de un momento extraordinario donde se manifestará de forma óptima el juicio de Dios. Las imágenes literarias que utiliza para poner de manifiesto la naturaleza del juicio son reveladoras: ira, angustia, aprieto, alboroto, asolamiento y tinieblas (Sof 1.15). En efecto, el propósito teológico del mensaje es destacar la naturaleza destructora del día y subrayar la extensión del juicio divino.

Las dimensiones de este evento de juicio, de acuerdo con el mensaje de Sofonías, son universales; y son extraordinarias, pues se fundamentan en los pecados asiduos, constantes, persistentes y obstinados de Judá. Según el profeta, el pueblo no entiende la importancia de responder positivamente a la revelación divina en el Sinaí. La catástrofe que acompaña al día del Señor llegará a toda la tierra, y sus efectos devastadores llegarán no solo a las personas, sino a los animales. Únicamente la gente humilde escapará de estos juicios (Sof 1.2-2.3).

A ese mensaje inicial del día del Señor le sigue una presentación adicional del juicio de Dios a las naciones vecinas de Judá, especialmente a los pueblos enemigos (Sof 2.4-3.8). Y en esa lista se encuentran las ciudades filisteas (Gaza, Ascalón, Asdod y Ecrón) aludidas como «pueblo de los cereteos» (Sof 2.5), y Moab, Amón, Etiopía y Asiria. Entre las causas del juicio se identifican la falta de mansedumbre, la injusticia, la arrogancia, la soberbia y el herir al pueblo de Dios (Sof 2.10).

La palabra final del profeta tiene un nuevo tono esperanzador (Sof 3.9-20). Se trata de un oráculo de salvación y restauración dirigido al remanente del pueblo, a la gente que ha demostrado fidelidad, a la comunidad que ha decidido mantener su lealtad al Señor. Es un pueblo «humilde y pobre» (Sof 3.12) que Dios salvará de las catástrofes que llegarán al pueblo de Judá y a las naciones vecinas.

La estructura básica para el estudio de este libro es la siguiente:

– La manifestación del día del Señor (Sof 1.1-18)
– Los juicios divinos a las naciones vecinas (Sof 2.1-15)
– El pecado y la redención de Jerusalén (Sof 3.1-20)

10. El libro de Hageo

El libro del profeta Hageo nos permite ubicar con bastante precisión el entorno histórico y político de su mensaje. La clara referencia al primer día del mes sexto del segundo año del rey Darío (Hag 1.1), corresponde al mes de agosto de 520 a. C., cuando se celebraba en el pueblo la fiesta de la luna nueva (1 S 20.5; Is 1.13-14; 66.23; Ez 46.1; Am 8.5). De acuerdo con el libro, posiblemente el ministerio de Hageo se llevó a efecto del 29 de agosto al 18 de diciembre de 520 a. C. En efecto, el profeta, en ese singular contexto de celebraciones nacionales, aprovechó la reunión para presentar su mensaje. El nombre de Hageo significa «festival» o «celebración», y revela de entrada el objetivo profético: incentivar las celebraciones religiosas en el templo restaurado de Jerusalén.

El Imperio persa, que sustituyó el poder babilónico en la región, fue fundado por el gran rey Ciro, que recibió interesantemente una evaluación muy positiva de los profetas bíblicos, como se pone claramente de manifiesto en el libro de Isaías (Is 44.28; 45.1-7). Y como parte integral de sus primeras decisiones administrativas en el reino, promulgó un edicto que favorecía el retorno de la comunidad deportada de Judá a sus tierras (véase 2 Cr 36.22-23; Esd 1.1-4), que marcó el fin legal del destierro y el exilio en Babilonia (2 R 25.1-22). Y como parte de esas nuevas políticas oficiales del Imperio, luego del 538 a. C. comenzó un proceso de retorno a Jerusalén, que sirve de contexto inmediato a las profecías de Hageo.

La lectura sobria de los documentos bíblicos, y la evaluación minuciosa de las reseñas que guardan, revelan que al entusiasmo inicial del retorno le siguió un período intenso de desasosiego, dolor, desaliento y desánimo. Varios son los factores que propiciaron ese cambio de actitud en la comunidad de deportados que regresaron a Jerusalén. En primer lugar, el apoyo fiscal que presuponía el edicto de Ciro no se materializó como ellos esperaban, y la falta de recursos se convirtió en una fuente de tensión continua. Además, los recién llegados habitantes de Jerusalén, que tenían una encomienda de reconstrucción nacional, presentaban un desafío extraordinario a las familias y las comunidades que habían permanecido en la región y vivían en los alrededores de Judá, particularmente a los samaritanos que reaccionaron con violencia y abierta hostilidad ante la llegada y los esfuerzos de reconstrucción nacional de los deportados (Esd 4.1-24).

Esas dinámicas económicas, sociales y políticas fueron minando, de forma paulatina, los entusiasmos del grupo restaurador, hasta el punto de que paralizaron las obras de reconstrucción del templo de Jerusalén (Esd 4.24). Y en ese singular contexto de tensión social, crisis fiscal y desorientación espiritual, algunas personas económicamente acomodadas en la ciudad comenzaron a construir casas lujosas para su confort y bienestar personal, sin tomar en consideración que la casa del Señor —es decir, el templo—, que simbolizaba de forma inequívoca la presencia divina, permanecía destruida, no estaba reconstruida ni restaurada.

Esas realidades sociopolíticas en Judá deben también entenderse a la luz de la crisis que se manifestaba en el reino persa por las transiciones internas y las luchas de poder en la sucesión monárquica, después del año 522 a. C. Además, Persia se reorganizaba militarmente para responder con efectividad a las amenazas internas y externas que intentaban eliminar o disminuir su hegemonía internacional.

Y en ese complejo mundo de dificultades económicas internas, de problemas raciales con los samaritanos, de crisis administrativa con el imperio persa, de angustia existencial generada por la impotencia de proseguir el proyecto de reconstrucción, de preocupación espiritual por no poder llevar a efecto los sacrificios en el templo, y de desorientación política por la inestabilidad del imperio, surge el mensaje profético de Hageo. Para este singular profeta la palabra desafiante de Dios debía llegar con firmeza al pueblo, y también al gobernador, Zorobabel, y al sumo sacerdote, Josué (Esd 5.1-2; 6.14).

La reconstrucción del templo

El mensaje del profeta está orientado a una finalidad específica y clara: los trabajos de reconstrucción del templo de Jerusalén debían reanudase y proseguir sin demora. El templo, que estaba en ruinas desde la destrucción que sufrió a manos de los ejércitos babilónicos, debía ser restaurado con la mayor brevedad posible para que reflejara la gloria de Dios (Hag 1.8). Como esa decisión de reconstruir el templo proviene directamente del Señor, el pueblo y sus líderes debían cumplir con esa necesaria e importante encomienda, pues la desobediencia a la revelación divina acarrea consecuencias nefastas en la comunidad. Y entre esas manifestaciones de juicio, de signos inequívocos de la ira del Señor por no obedecer la orden de restauración, se pueden identificar las siguientes calamidades relacionadas con la agricultura y la fertilidad de la tierra: la sequía y la pérdida de las cosechas y, como consecuencia directa y lógica, la pobreza (Hag 1.9-11).

El mensaje de Hageo incluye también algunas palabras de entusiasmo y seguridad para quienes se incorporen a ese proceso de reconstrucción (Hag 1.8; 2.6-9). La salvación del pueblo estaba íntimamente ligada a la actitud de obediencia nacional e individual a las palabras proféticas, que declaraban sin inhibición que la reconstrucción del templo de Jerusalén debía ser una prioridad nacional.

La efectividad del mensaje de Hageo, y también de Zacarías (Esd 6.14), se ponen en evidencia clara al ver que el pueblo y sus líderes más importantes, el gobernador y el sumo sacerdote, respondieron positivamente a los reclamos proféticos. Y, en parte por esta intervención profética, las obras de reconstrucción comenzaron, y posteriormente se inauguró el templo (Esd 6.15-18).

La estructura literaria y temática del libro no es compleja, y puede ser la siguiente:

- La exhortación del profeta a reconstruir el templo (Hag 1.1-15)
- El esplendor del nuevo templo (Hag 2.1-9)
- La infidelidad del pueblo (Hag 2.10-19)
- Las promesas del Señor a Zorobabel (Hab 2.20-23)

11. El libro de Zacarías

Zacarías es un profeta contemporáneo a Hageo. Ambos llevaron a efecto su labor ministerial en el contexto de la restauración del templo de Jerusalén. La primera información que se revela en el libro es su trasfondo familiar: es hijo de Berequías, hijo de Iddo (Zac 1.1; Esd 5.1; 6.14), que lo ubica entre los grupos que regresaron a Jerusalén desde Babilonia al finalizar el exilio; además, provenía de una familia sacerdotal (Neh 12.4). Se indica también que profetizó el octavo mes del segundo año del rey Darío. Y como este monarca persa comenzó su reinado en el 522 a. C. y el ministerio de Zacarías duró como dos años, podemos ubicar con bastante precisión su tarea profética entre los años 520-518 a. C. Posiblemente comenzó a profetizar solo unos meses después de su correligionario Hageo (véase Zac 1.1,7; 7.1).

El mensaje de restauración

El análisis literario, teológico e histórico del libro de Zacarías revela una serie de complejidades que no debemos pasar por alto. En primer lugar, el estudio sobrio de la obra revela dos secciones mayores que manifiestan diversos énfasis que destacan temas diferentes, y que presuponen contextos históricos y audiencias variadas. En efecto, la primera sección del libro (Zac 1.1-8.23) está eminentemente dirigida a los recién regresados del destierro, contemporáneos de Hageo, que tenían como encomienda principal y preocupación inmediata la restauración de la ciudad y la reconstrucción del templo.

La segunda sección de la obra de Zacarías (Zac 9.1-14.21) presupone una serie compleja de diferencias históricas en el público y en preocupaciones teológicas y existenciales. Las prioridades proféticas en esta parte del libro son de otra índole, pues se trata, probablemente, del período en que el helenismo se expandía de gorma galopante en toda la región de Oriente Medio bajo las iniciativas y los programas de Alejandro Magno, después de la segunda mitad del s. IV a. C. Inclusive, como parte del mensaje profético se incluye una referencia directa a Grecia (Zac 9.13), que puede ser una corroboración de este análisis.

El primer gran mensaje de Zacarías está en clara consonancia con la tradición profética de Israel: llamó al pueblo al arrepentimiento y la conversión (Zac 1.2-6), que pone en evidencia clara y temprana la importancia religiosa y espiritual del ministerio de este profeta. Exhorta decididamente al pueblo a «volverse a Dios», pues el Señor hará lo mismo con el pueblo (Zac 1.3). Ese llamado a la conversión debe entenderse a la luz de los reclamos de reconstrucción nacional: volverse a Dios era una forma religiosa de poner en práctica el plan restaurador que tenía como objetivo último la reconstrucción del templo.

Entre las visiones que tiene el profeta se encuentran las siguientes: la visión de los caballos, que anuncia una nueva era (Zac 1.7-17); la de un hombre con una vara de medir, que anuncia la restauración de Jerusalén, renovada y mesiánica (Zac 2.1-13); la del sumo sacerdote Josué, que describe su consagración como sumo sacerdote (Zac 3.1-10); la del candelero de oro y los olivos, que posiblemente afirma la providencia divina (Zac 4.1-14); la del rollo volador, que simboliza los grandioso de la palabra divina (Zac 5.1-11); y la de los cuatro carros, que revela la esperanza de la restauración (Zac 6.1-8). Por la complejidad de las imágenes y la creatividad literaria de los autores, es difícil la comprensión de los detalles de estas visiones.

Aunque en esta sección abundan las visiones, las imágenes y la simbología religiosa, se pueden identificar sin mucha dificultad el desarrollo y la articulación de una serie importante de temas de gran valor teológico y práctico: por ejemplo, la importancia del amor y la misericordia divina hacia la ciudad de Jerusalén y sus habitantes (Zac 1.14,16), la humillación y el juicio a las naciones que causaron las calamidades en el pueblo de Judá (Zac 1.21), la exhortación directa a eliminar el pecado para evitar sus consecuencias (Zac 5.3-4, 8), y un mensaje extraordinario de esperanza mesiánica (Zac 4.1-14). Y en ese contexto de exhortaciones, reproches y desafíos el profeta se preocupa insistentemente en el tema de la reconstrucción del templo (1.16; 4.18-10; 6.15), que no solo era signo externo y grato de la presencia divina y de la bendición de Dios, sino que su reconstrucción beneficiaría a la ciudad de Jerusalén, que era morada divina (Zac 2.10-12; 8.3).

En torno al tema de la conversión individual y nacional, y referente al tema de la reconstrucción del templo, Zacarías pone de manifiesto una preocupación adicional: la naturaleza de las prácticas religiosas, especialmente las formas de celebrar los ayunos (Zac 7.2-14). El profeta estaba seriamente preocupado por la sinceridad de los adoradores; estaba interesado en afirmar la experiencia de piedad y contrición como prácticas que tienen como sentido último no la carga física y emocional, sino la manifestación del gozo, la alegría, el contentamiento y la solemnidad del evento (Zac 8.19).

El futuro de la restauración

La segunda sección mayor del libro (Zac 9.1-14.21) desarrolla una serie nueva de temas y afirmaciones teológicas. Se manifiesta en el mensaje un sentido de triunfo extraordinario del Señor sobre las naciones tradicionalmente enemigas del pueblo de Israel (Zac 12.9; 14.12-15). Inclusive, Dios mismo reunirá a todos estos pueblos para ejecutar de forma definitiva sus juicios (Zac 14.2). En ese proceso de dificultad, guerra y crisis, Dios mismo depurará la ciudad de Jerusalén al purificarla de sus pecados, inmundicias e infidelidades (Zac 13.1-3).

Posteriormente, sin embargo, Jerusalén será liberada y transformada (Zac 12.6). Para el profeta Zacarías el Señor, solo el Señor, es el restaurador y defensor de su pueblo (Zac 9.8; 15-16; 12.8), característica teológica que le brinda la autoridad y el poder de reunir a los esparcidos por el mundo (Zac 10.6-10). Y como parte de esa manifestación de juicio y misericordia divina, los pueblos paganos reconocerán el poder del Señor y se unirán al Israel ideal (Zac 9.7; 14.16-17) para formar parte del reino definitivo de Dios (Zac 14.9, 16).

En la exposición del mensaje, Zacarías incluye una profecía de significación extraordinaria. Llegará a Jerusalén un rey futuro e ideal al que le caracterizará la humildad: será justo y salvador, y cabalgará sobre un asno (Zac 9.9). Ese mensaje fue el que los evangelistas Mateo y Juan identificaron claramente con la entrada triunfal de Jesús de Nazaret en la ciudad de Jerusalén (Mt 21.4-5; Jn 12.14-15).

La estructura literaria que puede servir de marco para estudiar el libro de Zacarías, puede ser la siguiente:

- Primera parte (Zac 1.1-8.23)
- Llamado a volver al Señor (Zac 1.1-6)
- Las visiones simbólicas (Zac 1.7-6.8)
- Coronación simbólica de Josué (Zac 6.9-15)
- Instrucciones sobre el ayuno y el anuncio mesiánico (Zac 7.1-8.23)
- Segunda parte (Zac 9.1-14.21)
- El castigo de las naciones (Zac 9.1-8)
- El futuro rey de Sión (Zac 9.9-17)
- La redención del pueblo (Zac 10.1-11.3)
- Los dos pastores (Zac 11.4-17)

- La liberación de Jerusalén (Zac 12.1-13.9)
- La victoria final (Zac 14.1-21)

12. El libro de Malaquías

Con el libro del profeta Malaquías llegamos al término del libro de los doce; además, con esta obra finaliza el Antiguo Testamento cristiano, por lo menos en su vertiente protestante. En lo referente al profeta que dio origen y nombre al libro, desconocemos los detalles históricos, sociales y familiares. Inclusive, hay intérpretes que piensan que más que un nombre propio Malaquías es el título de alguien que es llamado a ser mensajero del Señor, pues en hebreo ese nombre, *malají,* lo que significa es «mi mensajero».

Por la lectura de la obra se desprenden varios detalles históricos y teológicos que nos pueden ayudar a ubicar la obra en un contexto histórico definido. El mensaje del libro presupone que las ceremonias religiosas en el santuario reconstruido se han reanudado (Mal 1.6-2.9), lo que apunta hacia una fecha posterior al 516 a. C., cuando se reinauguró el templo de Jerusalén. En efecto, el mensaje proviene de una época posterior al ministerio de Hageo y Zacarías, y quizá sirvió de apoyo al trabajo religioso, político y social de Esdras y Nehemías (Neh 13.25-27). Esto pone el mensaje del libro de Malaquías a finales del s. VI a. C. o a principios del s. V a. C.

De singular importancia en el libro es que revela el estado de ánimo que mostraba el pueblo luego de varias décadas en Jerusalén al finalizar el exilio babilónico. La obra pone de manifiesto el desánimo y la depresión de la comunidad al ver que las condiciones económicas se deterioraban, y al notar, por ejemplo, que las antiguas profecías de Hageo, y algunas secciones del libro de Isaías no se cumplían como ellos esperaban. La exhortación del profeta es a no desanimarse, pues ya se acerca la manifestación del día del Señor, que aunque para los malvados es juicio y destrucción, para la gente fiel es justicia y salvación (Mal 4.1-2). Es la fuerza del amor y la misericordia la que hará que se cumplan en el tiempo propicio las promesas divinas.

Mensaje del libro

Una característica singular del mensaje de Malaquías es el estilo literario con el que articula sus oráculos. En efecto, en la lectura cuidadosa de esta obra profética se nota un tipo de tono polémico que se manifiesta en todo el libro. Es un diálogo en el que la confrontación es un elemento distintivo. Y en estos encuentros ideológicos y teológicos, Dios comienza la conversación con alguna afirmación general o presenta algún reproche o condena, a lo que el pueblo responde con dudas, preguntas, ironías, para finalizar el ciclo con una intervención divina adicional que reitera las declaraciones anteriores y expande el mensaje con más anuncios de castigos.

En efecto, el libro de Malaquías manifiesta un estilo literario que enfatiza el diálogo divino-humano, y revela la importancia de la comunicación profética efectiva y clara. Y entre las prioridades temáticas de este mensajero de Dios está la crítica acérrima a los líderes religiosos, los sacerdotes, que no han trabajado con efectividad, responsabilidad y profesionalidad, al permitir que se implanten en el templo una serie de prácticas que impiden la celebración adecuada de los sacrificios (Zac 1.6-2.9). Sin embargo, los reproches proféticos no están confinados a los sacerdotes, sino que apuntan también hacia la gente malvada, injusta, infieles en el matrimonio, y que defrauda al Señor con los diezmos y las ofrendas (Mal 2.10-16). Esas personas son descritas en el libro de Malaquías de forma inexorable: ¡no tienen temor de Dios! (Mal 3.5).

La sección final del libro hace alusión a la llegada del profeta Elías antes de que se manifieste el día del Señor. Una de las funciones de Elías es volver el corazón de los padres hacia los hijos y viceversa (Mal 4.5-6). Y con este mensaje en torno al profeta antiguo es que comienza el Nuevo Testamento: Juan el Bautista representa ese nuevo mensajero de Dios que vino a preparar el camino divino para que las personas enderezaran sus sendas (Mt 3.1-12).

Una estructura literaria del libro que nos puede ayudar a estudiarlo y comprenderlo es la siguiente:

- El amor del Señor por su pueblo (Mal 1.1-5)
- Reproche a los sacerdotes (Mal 1.6-2.9)
- Condena a la infidelidad matrimonial (Mal 2.10-16)
- El día del Señor (Mal 2.17-3.5)
- La importancia de los diezmos (Mal 3.6-12)
- Las diferencias entre los justos y los malvados (Mal 3.13-18)
- La llegada del día del Señor (Mal 4.1-6)

Bibliografía

Incluyo aquí una lista parcial de libros que pueden ayudar a la persona interesada a profundizar en los temas que expongo en esta obra en torno a los profetas de la Biblia hebrea. Les invito a continuar las lecturas sobrias, los análisis ponderados y las reflexiones críticas para comprender mejor y también para disfrutar y compartir el mensaje transformador y los ministerios renovadores de este singular grupo de hombres y mujeres de fe. Estas personas decidieron anunciar la palabra divina en medio de las más complejas realidades cotidianas del pueblo, y se comprometieron a presentar sus oráculos de juicio y esperanza frente a las adversidades y los desafíos de la existencia humana.

He identificado únicamente obras en español e inglés, y solo en contadas excepciones se incluye alguna literatura clásica o de importancia capital previa a 1980. Pueden encontrar bibliografías extensas, y en otros idiomas, en las obras de Alonso Schökel y Pagán.

ALONSO DÍAZ, J., «El discernimiento entre el verdadero y falso profeta según la Biblia», *Estudios Eclesiásticos* 49 (1974), pp. 5-17.

ANDRÉ, G., «Ecstatic Prophecy in the Old Testament», *Scripta Instituti Doneriani Aboensis* 11 (Uspala, 1982) pp. 187-200.

BARTON, J., *Oracles of God. Perceptions of Ancient Prophecy in Israel after the Exile* (Londres: Darton, Longman, and Todd, 1986).

BEAUCAMP, E., *Los profetas de Israel o el drama de una alianza* (Estella: Verbo Divino, 1988).

BEAUCHAMP, P., *Ley, profetas, sabios* (Madrid: Cristiandad, 1977).

BRETÓN, S., «Vocación y misión: formulario profético», *Analecta Bíblica* 111 (Roma, 1987).

BROWN, RAYMOND E. *Nuevo Comentario Bíblico San Jerónimo A.T.* (Estella: Verbo Divino, 2005).

BRUEGGEMANN, W., *La imaginación profética* (Santander: Sal Terrae, 1986).

BUBER, M. *The Prophetic Faith* (Nueva York: Harper & Row, 1949).

CRENSHAW, J. L., *Los falsos profetas. Conflicto en la religión de Israel* (Bilbao: Desclee, 1986).

DRANE, J., *Introducción al Antiguo Testamento* (Barcelona: CLIE, 2004).

DIEST, F. E., «The Prophets: are we heading for a paradigm switch? en Propheten und Prophetenbuch», *BZAW* 185 (Berlín, 1989), pp. 1-18.

HESCHEL, A. J., *Los profetas*, 3 vols. (Buenos Aires: 1973).

HOUSE, P. R., «The Unity of the Twelve», *JSOT Sup* 97 (Sheffield, 1990).

LAGE MARTINEZ, F., «La crítica del comercio en los profetas de Israel», *Moralia* 7 (1985), pp. 3-28.

LOZA VERA, J., *Introducción al profetismo. Isaías* (Estella: Verbo Divino, 2011).

MILLER, J. E., «Dreams and Prophetic Visions», *Bib* 71 (1990), pp. 401-404.

MURRAY, R., «Prophecy and the Cult», en *Israel's Prophetic Tradition* (Cambridge: Cambridge University Press, 1982), pp. 200-216.

OVERHOLT, T. W., «Prophecy in History: The Social Reality of Intermediation», *JSOT* 48 (1990), pp. 3-29.

PAGÁN, S. *Introducción a la Biblia hebrea* (Barcelona: CLIE, 2013).

_____, *Jesús de Nazaret* (Barcelona: CLIE, 2014).

PETERSEN, D. L., *The Roles of Israel's Prophets* (Sheffield: JSOT Press, 1981).

PORTER, J. R., «The Origins of Prophecy in Israel», en R. Coggins y otros (eds.) *Israel's Prophetic Tradition* (Cambridge: Cambridge University Press, 1982) pp. 12-31.

RAD, G. VON, *Teología del Antiguo Testamento* (Salamanca: Sígueme, 1971).

REID, S. R., «The End of Prophecy in the Light of Contemporary Social Theory: A Draft», *SBL Sem. Papers* (1985), pp. 515-523.

SCHÖKEL L. ALONSO, *Estudios de poética hebrea* (Barcelona: J. Flors, 1963).

SCHÖKEL L. ALONSO, y SIFRE, J. L., *Profetas*, 2 vols. (Madrid: Cristiandad 1980; 1985).

SICRE, J. L., «Con los pobres de la tierra». *La justicia social en los profetas de Israel* (Madrid: Cristiandad, 1985).

_____, *Los profetas de Israel y su mensaje* (Madrid: Cristiandad, 1986).

STACEY, W. D., *Prophetic Drama in The Old Testament* (Westminster, London : Epworth Press, 1990).

TÁBET, M. A., *Introducción al Antiguo Testamento* (Madrid: Palabra, 2004).

Varios autores, *Comentario Bíblico Internacional* (Estella: Verbo Divino, 1999).

Varios autores, *Comentario Bíblico Latinoamericano* (Estella: Verbo Divino, 2007).

WHYBRAY, R. N., «Prophecy and Wisdom», en *Israel's Prophetic Tradition* (Cambridge: Cambridge University Press, 1982), PP. 181-199.

ZIMMERLI, W., *La ley y los profetas* (Salamanca: Sígueme, 1980).

Printed in the USA
CPSIA information can be obtained
at www.ICGtesting.com
LVHW030712050824
787165LV00011B/134

9 788494 462641